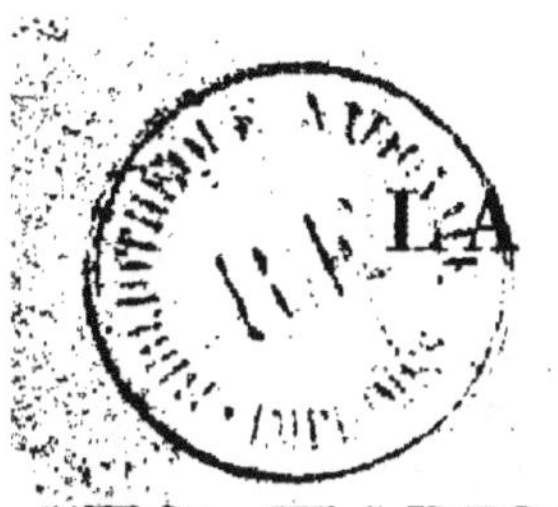

LA PEINTURE

EN IMITATION

DES TAPISSERIES ANCIENNES

MACON, PROTAT FRÈRES, IMPRIMEURS

Toile peinte en imitation des tapisseries anciennes

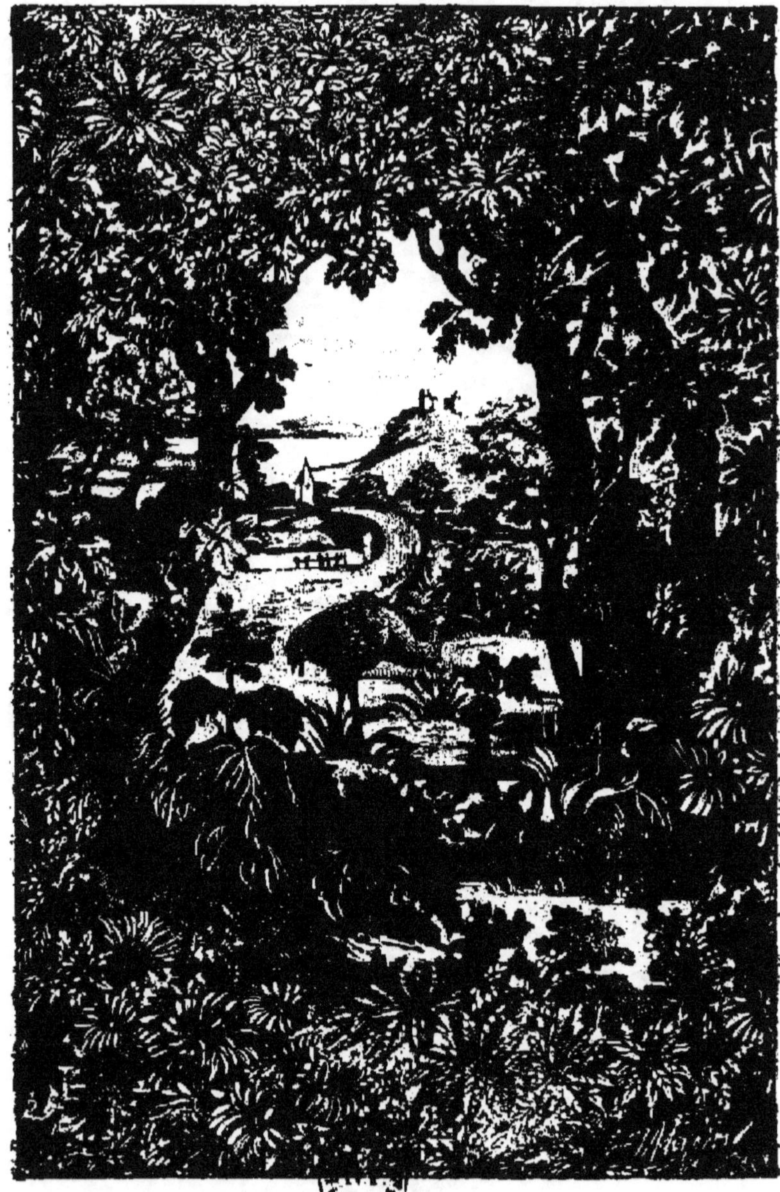

Verdure Louis XIII. — Modèle de P.-A. Dumas, à Paris.

PETITE

BIBLIOTHÈQUE ILLUSTRÉE DE L'ENSEIGNEMENT PRATIQUE

DES BEAUX-ARTS

PUBLIÉE PAR ET SOUS LA DIRECTION DE

KARL ROBERT

Officier de l'Instruction publique.

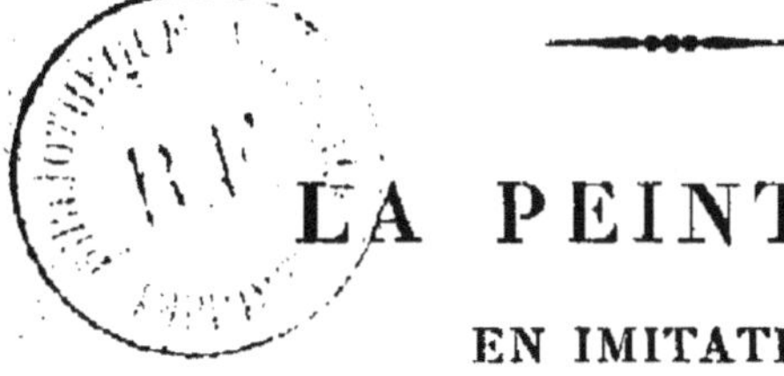

LA PEINTURE

EN IMITATION

DES

TAPISSERIES ANCIENNES

PRIX : 1 FRANC 5C

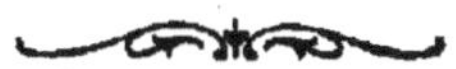

PARIS

H. LAURENS, ÉDITEUR

6, RUE DE TOURNON, 6

1895

LA PEINTURE

EN IMITATION

DES TAPISSERIES ANCIENNES

AVANT-PROPOS

L'idée d'imiter les tapisseries anciennes est très certainement toute moderne, quoi qu'on en ait dit, tout au moins si l'on considère les imitations comme une représentation fidèle de l'aspect des véritables tapisseries. On ne peut, en effet, considérer comme telles ni les toiles peintes de Jouy, ni les modèles improprement appelés tapisseries peintes de l'Hôtel-Dieu de Reims, qui sont en réalité des cartons, des modèles de tapisseries véritables, puisque, en art, par le mot carton ou modèle, on doit entendre l'idée première de la composition, voire même de la couleur d'une œuvre originale. On ne peut donc dire que ce sont là des imitations.

Au sens étroit du mot, les tapisseries véritables seules seraient des imitations de la peinture, exécutées d'après ces cartons ou modèles, si le tissage des laines colorées n'était lui-même un art très particulier, exigeant de celui qui le met en œuvre des qualités spéciales et toutes personnelles, une véritable vision d'artiste, et formant une branche spéciale, la plus importante peut-être de l'*Art décoratif*.

Dès l'époque de Henri II on eut l'idée de suppléer par la peinture à l'huile à ce que l'art du tisseur avait d'incomplet, mais c'était là simplement des rehauts appliqués plus ou moins judicieusement, et destinés à donner aux tapisseries plus d'éclat, mais non à les imiter. Ce n'est, pensons-nous, qu'après les importations de la Compagnie des Indes qu'il se fit en France des tentures peintes à l'imitation de celles des Chinois et des Japonais.

Quoi qu'il en soit, ce n'est pas à nous de préciser le côté historique de la question, mais nous pensons que c'est surtout depuis l'époque, tout à fait rapprochée de nous, où fut fabriquée la toile imitant le tissu, le grain des tapisseries anciennes, que le goût s'en est développé parmi les amateurs.

Il y a donc là un petit art, ou si le mot vous paraît trop important, un petit talent d'amateur dérivant de l'art du dessin, qui nous semble fort intéressant puisqu'il peut ajouter une jouissance nouvelle à tous ceux qui aiment les plaisirs du chez soi, dont ils se plaisent à augmenter le charme en décorant eux-mêmes leur intérieur.

Comme tous les arts d'amateur, l'imitation des tapisseries anciennes demande un goût délicat, certaines facultés de mémoire et d'observation; et il ne suffit pas, croyez-le bien, d'avoir un modèle, de le grandir au carreau et de le peindre à l'aide de couleurs spéciales, pour atteindre le but; non, ceci est la partie métier, et elle s'apprend relativement très vite.

Ce qu'il faut étudier, au préalable, c'est la tenue générale que doivent avoir les tapisseries imitées, afin de se rapprocher le plus possible de l'aspect des anciennes tapisseries et d'y apporter cette harmonie grise qui les différencie de la peinture.

Ce genre de travail n'aurait, en effet, aucune raison d'être, s'il pouvait être remplacé par la peinture à huile ordinaire, et c'est ici que nous devons rappeler que l'art décoratif a surtout pour but l'harmonie générale d'un intérieur.

A quelque branche qu'appartienne un objet, meuble, tenture ou autre, soyez donc bien convaincu tout d'abord que, si parfait qu'il puisse être, il n'est rien par lui-même, et ne vaut que par l'ensemble des objets qui, l'accompagnant, font un tout avec lui.

Ainsi deux objets éclatants de couleur, un plat de porcelaine et un bronze doré ne sauraient être placés à côté l'un de l'autre sans se nuire ; si vous tenez à avoir ces deux objets, le bronze ne devra pas être doré, ou le plat devra n'être peint qu'à l'aide de tons éteints ou passés.

La tapisserie étant toujours destinée à servir de fond à l'ameublement d'une pièce, doit donc toujours avoir un aspect général gris, à peine de diminuer la valeur et l'intérêt de celui-ci.

Voilà pour la tonalité. Pour le même motif,

l'exécution doit en être large et sobre de détails : on doit y éviter les modelés qui attirent l'attention. Il faut donc procéder par un dessin à larges contours, et peindre par de grandes teintes plates. En cela se résument absolument les principales règles d'art décoratif applicables à la tapisserie et à ses imitations.

Cependant, comme toute règle ne va pas sans exception, on peut ajouter que si des imitations de tapisseries sont destinées à la décoration d'un escalier, d'une salle de billard ou de toute autre pièce dans lesquelles aucun objet d'ameublement ne vient faire saillie, se profiler sur elles, ni tomber en même temps sous le regard, si, conséquemment, les tapisseries forment de véritables panneaux isolés, l'exécution peut en être poussée jusqu'à la recherche du modelé vivant; mais ce n'est là, selon nous, qu'une exception, qu'on ne devra rechercher que lorsqu'on sera sûr de soi et de ses procédés. En ce dernier cas, c'est une véritable peinture qu'on exécute, on y suivra donc tous les enseignements de la peinture à l'huile.

Tandis que dans la tapisserie décorative, je le répète, l'étude du contraste des couleurs, de l'harmonie grise à apporter dans leur emploi, l'ampleur et la simplicité de l'exécution suffiront à donner à votre travail le cachet artistique que vous ne pouvez manquer d'y rechercher, puisque vous l'entreprenez.

I

LES TAPISSERIES ANCIENNES

CE QU'ON ENTEND PAR TAPISSERIE DE HAUTE ET DE BASSE LISSE

« Comme tous les tissus, dit Charles Blanc, la tapisserie présente une chaîne et une trame. Mais tandis que dans la toile ordinaire la chaîne n'est couverte que de deux en deux fils, dans la tapisserie la chaîne est couverte entièrement par l'exacte superposition des fils de la trame, de sorte que, le travail fini, la trame seule paraît à l'endroit et à l'envers. Si la chaîne est tendue verticalement, le métier est dit de *Haute lisse*; si elle est tendue horizontalement, le métier est de *Basse lisse*. Dans le métier à haute lisse, les fils de la chaîne formant deux nappes parallèles sont séparés par un tube de verre dit bâton de croisure, qui en maintient l'écartement, de façon que, à l'égard du tapissier assis entre la chaîne et le modèle, une moitié des fils est en avant, l'autre moitié en arrière. Les fils en avant sont les fils pairs ; les fils en arrière sont les fils impairs. Ces fils sont embarrés, c'est-à-dire qu'ils sont tous pris dans des cordelettes en forme de boucles appelées *lisses*. Les lisses se réunissent sur une perche horizontale placée en dehors de la chaîne, au dessus de la tête du tapissier. Le fil de la trame est enroulé sur des espèces de fuseaux appelés broches. Lorsqu'on veut faire le tissu, on passe la broche de droite à gauche entre les fils d'arrière et les fils d'avant ; la trame ainsi passée couvre les fils d'arrière.

« Si maintenant le tapissier tire ces fils en avant au moyen des lisses et qu'il passe la broche entre les nappes, il couvrira les fils de devant. Cette allée et venue de la broche, de droite à gauche et de gauche à droite, forme deux passées, en terme du métier, une *duite*.

« A chaque duite, on abat le fil avec le bout pointu de la broche, et lorsqu'on a passé plusieurs fils, on peut les serrer l'un contre l'autre, au moyen d'un peigne de buis ou d'ivoire, dont les dents, introduites dans les intervalles qui séparent les fils de la chaîne, tassent les duites et ne laissent aucun vide entre elles.

« Mais avant de commencer le travail du tissage, le tapissier a fait un calque de son modèle sur un papier transparent. Ce calque, au crayon noir, est appliqué sur la chaîne, pour y être décalqué fil par fil, de sorte que le contour n'est qu'une suite de points noirs marqués sur autant de fils séparés. Ces points, à vrai dire, ne sont que des repères, et le calque ainsi reporté sur des fils qui, bien que tendus, sont mobiles, n'est qu'un insuffisant à peu près. Il doit être rectifié sans cesse par l'intelligence de l'artiste, qui peut voir ses contours lui échapper à tout instant, pour peu que le tissage, roide dans un endroit, relâché dans un autre, déplace les fils verticaux de la chaîne et les fasse ondoyer. Il faut donc que le tapissier soit rompu aux finesses du dessin; mais il faut surtout qu'il ait une connaissance approfondie des lois de la couleur, dont les applications les plus variées et les plus heureuses trouvent justement leur place dans l'art de la tapisserie.

« La surface d'une *tapisserie* n'est pas unie et polie, comme celle d'une mosaïque ou d'une étoffe de soie. Elle a partout un grain et ce grain est partout le même. Les fils de la chaîne, sous la laine qui les couvre, forment autant de demi-cylindres, coupés encore par les stries de la trame. Il s'en suit que chaque fil de chaîne produit une petite ombre grise dans la mince cannelure qui le sépare du fil voisin, et cette ombre, toute petite qu'elle est, multipliée par le nombre des fils de la chaîne, rend légèrement grise la surface entière de la *tapisserie*. C'est au point que, si la tenture était, par exemple, en laine blanche ou même en soie blanche, elle paraîtrait d'un blanc écru à côté d'une pièce de satin, dont la superficie lisse réfléchirait la lumière sur toute son étendue.

« L'artiste doit donc monter résolument les tons de la *tapisserie*, parce qu'en les tenant haut, il rachète l'affaiblissement de couleur qui résultera de la cannelure. Le tissu retrouvera ainsi, par un redoublement de lumière dans les parties saillantes, ce qu'il doit perdre d'éclat par la somme des ombres logées dans les parties creuses. »

Mais, me direz-vous, cette technique est-elle nécessaire à connaître en vue de la peinture en imitation des tapisseries ? Oui, certes, aussi bien qu'un peu d'histoire, parce que de ces connaissances préliminaires naît l'initiation à un art qu'on traite trop souvent sans en avoir pénétré l'esprit. Charles Blanc vient de vous expliquer très clairement d'où provient cette tonalité grise qui règne sur les tapisseries. Vous en déduirez que vous ne devez point rechercher dans vos imitations l'éclat des peintures à l'huile, fuir par conséquent les reliefs du trompe-l'œil, ainsi que l'ont fait par erreur certains tisseurs eux-mêmes qui, faisant ainsi, sont sortis du domaine de leur art pour faire incursion sur un autre dont ils n'ont en mains ni les ressources, ni les mêmes procédés. Aussi, plus loin, quand nous vous parlerons de tons vigoureux, ce ne sera jamais que relatif, par opposition aux tons les plus clairs, mais nous entendrons toujours que ces tons doivent figurer dans une harmonie grise. Non seulement il est nécessaire de connaître la technique de la fabrication des tapisseries véritables, mais aussi, dans le but indiqué plus haut, un peu d'histoire pour faciliter vos observations et vos recherches si vous voulez pousser un peu loin votre talent d'imitateur.

Ici encore nous trouvons dans l'Encyclopédie de Larousse un résumé parfait; nous n'hésitons pas à l'emprunter *in extenso*.

Dès la plus haute antiquité, on savait, par la combinaison de fils de diverses couleurs, produire des tissus imitant la peinture. La description que l'*Exode* fait des tentures qui décoraient l'intérieur du temple de Jérusalem peut nous en convaincre. Telles de ces étoffes, brodées à l'aiguille avec des fils de soie, de laine et d'or, avaient reçu le nom d'*opus plumarii* (ouvrage imitant le plumage des oiseaux); telles autres, le voile du saint des saints, par exemple, qui représentait des chérubins, s'appelaient *opus artificis* (ouvrage de l'artisan), parce qu'elles sortaient de l'atelier du tisserand qui les fabriquait en combinant, à l'aide de nombreuses navettes, des laines et des soies diversement colorées. A Babylone aussi, on décorait les temples des Dieux et les palais des rois de tentures historiées. Les femmes babyloniennes excellaient, au dire d'Apollonius, dans la confection de ces étoffes somptueuses. Philostrate nous apprend qu'on voyait dans le palais des souverains d'Assyrie des *tapisseries* tissues d'or et d'argent, qui retraçaient les fables grecques d'Andromède, d'Orphée, etc. Les fameuses *tapisseries* qui, du temps de Metellus Scipion, furent vendues 800.000 sesterces, et qui, plus tard, furent achetées par Néron pour couvrir les lits de ses festins, au prix exorbitant de 2.000.000 de sesterces, étaient de provenance babylonienne. On voit sur quelques monuments égyptiens des dessins de métiers à tisser et de navettes qui ont beaucoup d'analogie avec les instruments qu'on a employés depuis pour la fabrication des *tapisseries*. Les Mèdes, les Perses, les Phéniciens et plusieurs autres peuples de l'Orient étaient célèbres dans l'antiquité par leur habileté à fabriquer des tissus aux riches dessins et aux brillantes couleurs. Au dire d'Hérodote, certains peuples des bords de la mer Caspienne aimaient à figurer, sur leurs vêtements, des animaux, des fleurs, des paysages. Pendant fort longtemps, l'Orient conserva le privilège de fournir à l'Europe des étoffes, des tentures, des *tapisseries* tissées ou brodées. La Grèce et Rome recherchèrent avec empressement ces tissus précieux. A chaque instant, Homère fait mention d'ouvrages de ce genre. La toile de Pénélope, qui retraçait les exploits d'Ulysse, est demeurée célèbre. C'est par une toile sur laquelle elle avait brodé toute son aventure avec Térée, que Philomèle, emprisonnée et muette, avertit Progné, sa sœur, de la barbare infidélité de son époux. Hélène, pendant le siège de Troie, travaillait à une broderie représentant les combats des héros qui s'égorgeaient à cause d'elle. Le manteau d'Ulysse représentait un chien déchirant un enfant. Tous ces ouvrages, vrais ou fabuleux, n'étaient pas sans doute, à proprement parler, des *tapisseries* ; mais la description que les auteurs grecs nous en ont laissée montre que le goût des étoffes historiées remonte à une date extrêmement reculée. Les auteurs romains, de leur côté, font souvent mention de riches tentures employées à tapisser les murs des maisons et à recouvrir les lits des festins. Les tapis attaliques, ainsi nommés parce qu'ils avaient été légués au peuple romain par Attale, roi de Pergame, étaient d'une magnificence incomparable. Sous Théodose, un historien nous montre les jeunes Romains de la décadence occupés « à faire de la *tapisserie* ».

Dès les premiers siècles du moyen âge, nous voyons des étoffes brodées ou tissées employées à la décoration des églises. Il en est souvent question dans les récits de Grégoire de Tours. Lors de la consécration de l'église de Saint-Denis, les murs furent couverts de *tapisseries* brodées d'or et garnies de perles. La même église reçut plus tard en présent de la reine Adélaïde, femme de Hugues Capet, une chasuble, un parement d'autel, ainsi que des tentures travaillées de sa main, et Doublet, l'historien de cette antique abbaye de Saint-Denis, rapporte que la reine Berthe (celle dont un vieux proverbe a fait une fileuse infatigable) broda sur un canevas une suite de dessins rappelant les titres de gloire de ses aïeux. On conserve encore, dans quelques églises de France, des étoffes brochées de soie et ornées de figures dont se paraient les hauts personnages du clergé, aux jours de solennité; nous citerons, entre autres, la chape de saint Mesme, à Chinon; le suaire de saint Germain, à Auxerre; la chape de saint Louis d'Anjou, à Saint-Maximin (Var); la chasuble de saint Yves, à l'évêché de Saint-Brieuc. « De ces tissus aux *tapisseries* historiées ou tableaux de laine, dit M. Lacordaire (*Notice sur l'origine et les travaux des manufactures de tapisseries et de tapis réunies au Gobelins*), la transition a pu s'effectuer silencieusement, pendant une longue période, à l'ombre des cloîtres et des cathédrales auxquels ce genre de décoration intérieure est si parfaitement approprié. » Les anciens historiens de la ville d'Auxerre attestent que saint Anthelme, évêque, mort en 840, fit exécuter de nombreux tapis pour son église. Vers 985, une véritable manufacture de *tapisseries* et de diverses étoffes était installée dans le monastère de Saint-Florent de Saumur. « Au temps de Robert III, abbé, disent dom Martenne et dom Durand, l'œuvre ou fabrique du cloître s'enrichit de splendides travaux de peinture et de sculpture, accompagnés de légendes en vers. Ledit abbé, amateur passionné, rechercha et acquit une quantité considérable d'ornements magnifiques, tels que grands *dorserets* (dossiers) en laine, courtines, *factiers* (dais), tentures, tapis de banc et autres ornements brodés de diverses images. Il fit faire, entre autres, deux *tapisseries*, d'une qualité et d'une ampleur admirables, représentant des éléphants, et ces pièces furent assemblées par des tapissiers à gages, à l'aide d'une soie précieuse. Il ordonna aussi de tisser deux dorserets en laine. Or, pendant que l'on fabriquait l'un de ces tapis, ledit abbé étant allé en France, le frère cellerier défendit aux tapissiers d'exécuter la trame par le procédé accoutumé : « Eh bien, disent ceux-ci, en l'absence de notre bon seigneur, nous n'abandonnerons pas notre travail; mais, puisque vous nous contrariez, nous ferons un ouvrage différent. » C'est ce qu'on peut vérifier aujourd'hui. Ils firent donc plusieurs tapis, aussi longs que larges, représentant des lions d'argent sur champ de gueules (rouge), avec une bordure blanche semée d'animaux et d'oiseaux rouges. Cette pièce unique resta chez nous comme un modèle de ce genre d'ouvrage jusqu'au temps de l'abbé Guillaume et passa pour la plus remarquable des *tapisseries* du monastère. En effet, dans les grandes solennités, l'abbé faisait tendre le tapis aux éléphants, et le prieur le tapis aux lions. » Un fragment de correspondance échangée, en 1025, entre un évêque italien du nom de Léon et Guillaume IV, comte de Poitou, atteste qu'à cette époque les *tapisseries* de Poitiers jouissaient d'une grande renommée. Les villes de Reims, Troyes, Beauvais, Aubusson, Felletin, etc., ont également été réputées de très bonne heure pour les ouvrages qu'elles produisaient en ce genre. Mais ce n'était pas seulement dans nos provinces de France que l'on comptait, à cette époque, des tisseurs habiles; la *Chronique des ducs de Normandie*, écrite par Dudon au XIe siècle, nous apprend que ceux de l'Angleterre ne le cédaient à personne pour l'adresse et le goût; pour désigner quelque magnifique broderie ou quelque riche tapis, on les qualifiait d'*ouvrage anglais*. La même chronique nous fait connaître, en outre, que la duchesse Gonnor, épouse de Richard Ier, fit, avec l'aide de ses brodeuses, pour décorer Notre-Dame de Rouen, des tentures de lin et de soie ornées d'histoires et d'images représentant la vierge Marie et des saints. La *tapisserie* de Bayeux, dite de la reine Mathilde, épouse de Guillaume le Conquérant, est le plus ancien ouvrage de ce genre qui nous soit parvenu. V. ci-après.

« C'est seulement au XIIe siècle, dit M. Paul Lacroix (les *Arts au moyen âge*), après le retour des croisades, qui avaient mis les Occidentaux à même d'admirer et de s'approprier les merveilleux tissus de l'Orient, que l'usage des *tapisseries*, en se propageant beaucoup plus encore dans les églises, passa dans les châteaux. Si, au milieu du cloître, les moines, pour se créer une occupation, avaient donné leurs soins minutieux à la laine et à la soie, à plus forte raison cette occupation devait-elle sourire aux nobles châtelaines confinées dans leurs manoirs féodaux. C'est alors qu'entourées de leurs suivantes, comme autrefois de leurs esclaves les chastes matrones romaines, les belles dames, tout émues des récits de chevalerie dont elles écoutaient la lecture, ou inspirées par une foi profonde, se consacrèrent à reproduire, l'aiguille à la main, les légendes pieuses des saints ou les exploits des guerriers. Couvertes de touchantes histoires ou de belliqueux souvenirs, les froides murailles des grandes salles revêtaient ainsi une étrange éloquence, qui devait communiquer de beaux rêves aux esprits et de nobles élans aux cœurs. » Au XIIe siècle, on tendait autour des lits des *tapisseries* qui les enveloppaient comme une tente. Au XIVe siècle, les salles des châteaux furent presque toutes entièrement tendues de grandes *tapisseries* à franges, assez éloignées des murs pour qu'on pût se cacher dans l'espace ainsi ménagé. Ces vastes pièces ainsi tendues, dit le savant historien de l'architecture française, M. Viollet-le-Duc, étaient trop peu sûres pour la vie intime; cela explique pourquoi, dans les châteaux, on réservait souvent près des grandes pièces de ces réduits étroits où l'on pouvait s'enfermer lorsqu'on voulait se livrer à quelque entretien secret. Vers le XIIe et le XIIIe siècle, sous l'influence des mœurs orientales, l'usage de s'asseoir sur des tapis s'était introduit dans les cours de l'Occident. Dès cette époque aussi, on employa très fréquemment de riches *tapisseries* pour former le tentes de guerre ou de chasse. On les déployait auss aux jours de fête, comme par exemple aux entrées des princes, pour cacher la nudité des murailles. Les salles de festins étaient tendues de magnifiques *tapisseries* qui rehaussaient encore l'éclat des *entre-*

mets ou *intermèdes* qu'on jouait pendant les repas. Les tournois voyaient briller autour de leurs lices et se dérouler, du haut de leurs galeries, les étoffes qui représentaient d'héroïques histoires. Enfin, le caparaçon, ce vêtement d'honneur du destrier, étalait ses riches et brillantes images aux yeux de la foule émerveillée. Il était d'usage, d'ailleurs, que les *tapisseries* portassent les armoiries du seigneur pour lequel elles avaient été fabriquées, en prévision sans doute des cérémonies où elles pouvaient être exposées publiquement. Un inventaire du 21 janvier 1379, conservé à la Bibliothèque nationale et dans lequel sont consignés, en même temps que tous les joyaux d'or et d'argent, « toutes les chapelles, chambres de broderies et *tapisseries* » du roi Charles V, peut donner une idée non seulement de la multiplicité des tentures et tapis qui faisaient partie du mobilier royal, surtout à l'hôtel Saint-Pol, mais encore de la diversité des sujets qui y étaient représentés. Un petit nombre de ces *tapisseries* sont venues jusqu'à nous; mais, parmi celles qui ont été détruites ou perdues, on peut remarquer : le grand tapis de la *Passion de Notre-Seigneur;* le grand tapis de la *Vie de saint Denis* et celui de la *Vie de Theseus*, le grand tapis de *Bonté et de Beauté*, le tapis des *Sept péchés mortels*, celui des *Douze mois*, celui de la *Fontaine de Jouvence*, les deux tapis des *Neuf preux*, celui des *Dames qui chassent et qui volent* (c'est-à-dire qui chassent à l'oiseau), celui des *Hommes sauvages*, celui de *Godefroy de Bouillon*; un tapis de chapelle blanc, au milieu duquel se virent « un compas et une rose », un grand beau tapis « que le roy a acheté, qui est ouvraigé d'or, ystorié des *Sept sciences* et de *Saint Augustin* »; un grand drap d'Arras, représentant la *Bataille du duc d'Aquitaine et de Florence*, etc. La liste est interminable. « Et qu'on n'aille pas supposer, dit M. Paul Lacroix, que les maisons royales offraient seules le spectacle de pareilles richesses. Le luxe des tapis était, on peut l'affirmer, général dans les hautes classes; luxe dispendieux s'il en fut, car, outre que l'examen de ces merveilleux travaux nous indique qu'ils ne pouvaient être acquis qu'à un très haut prix, nous en trouvons dans les anciens documents plus d'une attestation formelle. Par exemple, Amaury de Goire, tapissier, reçoit, en 1348, du duc de Normandie et de Guyenne, pour un « drap de laine » sur lequel se voyaient « le Vieil et Nouveau Testament », 492 livres 3 sous 9 deniers. En 1368, Huchon Barthélemy, changeur, reçoit 900 francs d'or pour un « tapis ouvré » représentant la *Quête du Saint-Graal*, et, en 1391, le tapis de l'*Histoire de Theseus*, mentionné plus haut, est acheté par Charles V au prix de 1.200 livres; toutes sommes véritablement exorbitantes pour l'époque. »

Les manufactures de *tapisseries* de Flandre étaient déjà renommées au XIIe siècle; elles prirent un très grand développement dans les siècles suivants, et les ouvrages exécutés à Arras furent recherchés dans toute l'Europe. L'église de la Chaise-Dieu, en Auvergne, possède des *tapisseries* qu'on prétend avoir été fabriquées à Arras au XIVe siècle, d'après les cartons du peintre florentin Taddeo Gaddi; elles représentent des sujets tirés alternativement de l'Ancien et du Nouveau Testament. Tel fut le succès qu'obtinrent en Italie les *tapisseries* d'Arras, qu'on donna dans ce pays le nom d'*arazzi* (v. ce mot) à tous les ouvrages de ce genre provenant d'une fabrique quelconque de Flandre. Les *arazzi* exécutés pour le Vatican sur les cartons de Raphaël sont justement célèbres (v. ci-après). Bruxelles, Oudenarde et d'autres villes flamandes ont eu d'importants ateliers pour la confection des *tapisseries*. Le musée de Cluny possède plusieurs *tapisseries* de Flandre du XVe et du XVIe siècle, entre autres une suite de dix pièces (nos 1692 et 1701) représentant l'*Histoire de David et de Bethsabée*.

Vasari nous apprend que le grand-duc Côme de Médicis chargea le Bronzino, le Pontormo et Francesco Salviati, tous trois peintres de grand mérite, de dessiner des cartons qui furent reproduits par un tapissier flamand du nom de Jean Rost (*maestro Giovanni Rosto arazziere fiamingo*); il ajoute que ce prince fut si enchanté de ces *tapisseries*, qu'il créa à Florence même une manufacture qui ne tarda pas à produire d'excellents ouvrages. Le duc Federico, à Mantoue, et le duc Francesco-Maria, à Urbin, établirent aussi des fabriques d'*arazzi*. Venise posséda également des ateliers où l'on fabriquait des étoffes historiées et des tapis où la soie et l'or se trouvaient mélangés.

En Angleterre, l'art de fabriquer des *tapisseries* de haute lisse fut importé par William Sheldon, vers la fin du règne de Henri VIII. Le roi Jacques Ier fonda à Mortlake, dans le comté de Surrey, une manufacture dont il confia la direction à sir Francis Crane et l'inspection des travaux au peintre Cleen ou Cleyn de Rostock; ce fut dans cette fabrique que, sous Charles Ier, on exécuta en *tapisserie* les sept fameux cartons de Raphaël conservés aujourd'hui à Hampton-Court.

Les plus anciens fabricants de tapis, en France, portaient le nom de *sarrazinois*, suivant ce que nous apprend Pierre du Pont, maître tapissier de Henri IV, dans un curieux petit recueil publié en 1632 sous ce titre : « *Stromatourgie*, ou de l'excellence de la manufacture des tapis de Turquie nouvellement établie en France sous la conduite du noble homme Pierre du Pont, tapissier ordinaire du roi ès dits ouvrages. » Voici comment s'exprime Pierre du Pont : « Il est à présumer qu'après l'entière ruine des Sarrasins par Charles-Martel, en l'an 726, quelques-uns d'iceux qui sçavoient faire de ces tapis, fugitifs ou vagabonds au possible, réchappés de la défaite, s'habituèrent en France pour gaigner leur vie et commencèrent à faire et établir une manufacture de tapis sarrasinois. De sçavoir de quelle fabrique ni de quelle méthode estoient faits lesdits tapis, on n'en peut juger, sinon que l'on voit, par une sentence de 1302, que ces tapissiers sarrasinois sont institués beaucoup devant les tapissiers de haute lisse, et estoient en possession dès longtemps, mais sur leur déclin, et que lesdits tapissiers de haute lisse commençoient à naître pour ensevelir et mettre hors lesdits sarrasinois, comme ils ont fait. » Les tapissiers sarrasinois formaient à Paris, dès le XIIe siècle, une importante corporation qui avait ses statuts et qui, entre autres privilèges, avait celui d'être exemptée de faire le guet. La sentence de 1302 dont parle P. du Pont eut pour effet d'adjoindre les tapissiers de haute lisse aux sarrasinois. En 1625, cette corporation fut encore accrue par l'adjonction d'autres corps de métiers qui n'avaient avec les tapissiers qu'une affinité très éloignée : les couverturiers-nôtrés-sergiers et les contrepointiers-coutiers. Ces trois classes jouissaient des mêmes privilèges; le corps entier avait quatre patrons : saint Louis, sainte Geneviève, saint Sébastien et saint François d'Assise.

La *Notice sur la manufacture des Gobelins* de M. Lacordaire, nous fournit, au sujet des origines des manufactures royales de *tapisseries* en France, les renseignements suivants :

La fabrication des *tapisseries* était exclusivement du domaine de l'industrie privée lorsque François Ier fit venir de Flandre et d'Italie quelques maîtres tapissiers et établit à Fontainebleau une fabrique de *tapisseries* de haute lisse, sous la direction de Philibert Babou, sieur de La Bourdaisière, surintendant des bâtiments royaux, et de Sébastien Serlio, son peintre et « architecteur » ordinaire. Quelques-uns des peintres appelés en assez grand nombre pour décorer le château de Fontainebleau furent chargés de l'exécution des modèles qui étaient, pour la plupart, de simples reproductions, sur papier, des peintures faisant partie de la décoration du château. Les comptes des dépenses royales, de 1540 à 1550, font à ce sujet plusieurs fois mention de Claude Badouyn, comme chargé de ces sortes de travaux. Ils donnent aussi les noms de quinze maîtres tapissiers recevant du roi la soie, la laine, l'or et l'argent filés, matières premières de leur fabrication, et payés, selon leur talent, à raison de 10 à 15 livres par mois; ils étaient sous l'inspection particulière et quotidienne des frères Salomon et Pierre de Herbaines, maîtres tapissiers du roi, ayant la garde des meubles et *tapisseries* du château. Les tentures françaises s'enrichirent à cette époque d'un luxe nouveau par les rehauts d'or et d'argent introduits dans leur texture, mais plus encore par les travaux des premiers peintres du temps, parmi lesquels on compte le Primatice. Félibien signale, entre autres *tapisseries* exécutées d'après les dessins de ce maître, « une tenture à l'hôtel de Condé, peinte sur de la toile d'argent avec des couleurs claires, qui était autrefois à Montmorency. » L'impulsion donnée par François Ier à l'art des *tapisseries* ne s'arrêta pas à la création des ateliers de Fontainebleau ; par de nombreuses commandes, il sut encourager les fabriques de Paris et même celles de Flandre, desquelles il acheta, moyennant 22.000 écus, des *tapisseries* regardées alors comme les chefs-d'œuvre des ouvriers de ce pays, les *Batailles de Scipion*, d'après Jules Romain, collection que Henri II compléta quelques années après par le *Triomphe de Scipion*, exécuté en *tapisserie* sur les cartons du même peintre. Henri II conserva l'établissement fondé à Fontainebleau et confia la direction générale à Philibert Delorme, surintendant des bâtiments royaux et son architecte ordinaire ; il créa aussi à l'hôpital de la Trinité, à Paris, une fabrique de *tapisseries* qui, par suite de la concession de divers privilèges, parvint rapidement à une grande prospérité. Parmi les *tapisseries* remarquables sorties de ces nouveaux ateliers, Sauval cite celles de l'église Saint-Merri, exécutées en 1594 sur les dessins de Lerambert, par un maître tapissier nommé Dubourg. En 1597, des tapissiers de haute lisse furent installés par Henri IV dans la maison professe des jésuites, au faubourg Saint-Antoine, vacante depuis l'expulsion de ces religieux. Laurent, « excellent tapissier, » dit Sauval, fut nommé directeur de cette nouvelle fabrique, et Dubourg lui fut ensuite associé. Après le rappel des jésuites, l'établissement fut transféré dans les galeries du Louvre. Pierre du

Pont, dont il a été question ci-dessus, fut autorisé, en 1604, à établir dans ces mêmes galeries une fabrique de tapis façon du Levant. Henri IV ne se borna pas à la création de ces divers ateliers; il fit venir de Flandre environ 200 ouvriers tapissiers et les installa d'abord dans quelques bâtiments encore debout du palais des Tournelles, d'où ils émigrèrent ensuite pour aller au faubourg Saint-Germain. Sous Louis XIII, un arrêt du conseil royal, du 17 avril 1627, accorda à Pierre Dupont et à Simon Lourdet « la fabrique et manufacture de toutes sortes de tapis, aultres ameublemens et ouvrages du Levant, en or, argent, soye, laine », à la condition que « dans toutes les villes du royaume où les entrepreneurs s'établiront, ils seront tenus d'instruire dans leur art un certain nombre d'enfants pauvres, à eux confiés par les administrateurs des hôpitaux ». Le nombre de ces enfants fut fixé à 100 pour la ville de Paris et le local affecté à la nouvelle manufacture fut la maison de la Savonnerie, près de Chaillot (V. SAVONNERIE). Louis XIV donna, en 1663, la direction artistique de cet établissement au peintre Charles Le Brun. Du règne de ce prince datent la réorganisation des anciennes fabriques de Felletin et d'Aubusson, et la fondation des célèbres manufactures de *tapisseries* de Beauvais (1664) et des Gobelins (1667) qui, aujourd'hui encore, produisent des œuvres d'un caractère véritablement artistique. La manufacture de Beauvais traite particulièrement des sujets de nature morte, des fleurs, des fruits, des vases, des coquillages, du gibier; celle des Gobelins reproduit des scènes historiques, allégoriques ou mythologiques, des portraits et des tableaux de genre.

Nous serions entraîné beaucoup trop loin si nous voulions décrire les chefs-d'œuvre sortis des manufactures des Gobelins et de Beauvais; mais nous croyons devoir donner quelques renseignements sur les *tapisseries* historiées les plus remarquables qui nous soient restées du moyen âge.

Tapisserie d'Aix. — Elle provient d'Angleterre et a été achetée à Paris en 1656. Elle a 62 mètres de longueur et se divise en vingt-sept compartiments, où sont représentés les principaux traits de l'histoire de Jésus et de la Vierge. Elle est travaillée en laine mélangée de soie et a été exécutée au commencement du XVIe siècle; elle porte les armes de Henri III et de William Warham, archevêque de Cantorbéry.

Tapisseries du château d'Anet. — Ces *tapisseries* datent du milieu du XVIe siècle, de l'époque même où fut construit le château de Diane de Poitiers; elles proviennent vraisemblablement de la manufacture fondée à Fontainebleau par François Ier et dont la direction fut confiée, par Henri II, à Philibert Delorme, l'architecte d'Anet. Elles sont au nombre de quatre, mais on pense qu'elles faisaient partie d'une suite plus considérable qui décorait une galerie ou un salon du premier étage. Elles ont 4^m^70 de hauteur sur 4 m 10 de largeur. Elles représentent des sujets mythologiques, la *Fable d'Iphigénie*, la *Fable de Méléagre*, la *Fable de Latone* et la *Fable d'Orion*, encadrées par des bordures portant le chiffre et les armes de Diane de Poitiers, ainsi que tous les attributs qui la caractérisent et des banderoles ornées d'inscriptions. La bordure du haut est décorée par un grand cartouche placé entre deux têtes de cerf et contenant la description en vers français du sujet représenté dans chaque *tapisserie*. Les montants sont formés de motifs d'architecture entremêlés de cariatides, de figures de femmes, de chiffres et d'attributs particuliers à Diane de Poitiers. Au centre de la bordure du bas, il y a un grand cartouche avec figures et inscriptions. M. P.-D. Roussel a publié les photographies de deux de ces *tapisseries* (la *Fable de Latone* et la *Fable de Maléagre*) dans sa *Description du château d'Anet* (1875).

Tapisserie d'Angers. — Cette tenture, dite de l'*Apocalypse* à cause des sujets qu'elle représente, a été léguée à la cathédrale d'Angers (Saint-Maurice) par René d'Anjou. Elle date de deux époques, du XIVe et du XVe siècle, à en juger par la décoration architecturale des tableaux, par les initiales dont elle est semée et les armes qui l'authentiquent. En effet, le chiffre L M se rapporte à Louis Ier d'Anjou et à Marie de Bretagne, aïeuls de René d'Anjou, et morts l'un en 1384, l'autre en 1414. Les fleurs de lis sans nombre entourées d'une bordure de gueules et l'hermine conviennent à ces deux seuls personnages. La lettre Y peut être attribuée à Yolande d'Aragon, femme de Louis II et mère de René; elle décéda en 1442. La clause du testament de René d'Anjou relative à cette tenture est ainsi conçue : « Item donne et laisse à icelle église (Saint-Maurice d'Angers) la belle *tapisserie* sur laquelle sont contenues toutes les figures et visions de l'*Apocalypse.* » L'héritage eut lieu par les soins de Louis XI, qui écrivait en ces termes, à la date du 17 juillet 1461, à l'évêque Jean La Balue : « Monsieur d'Angers, baillez la *tapisserie* de l'*Apocalypse* à l'église de monsieur sainct Maurice, et baillez la *tapisserie* de broderie et tout le surplus de meuble qui sont dedans l'hostel de Baugé à monsieur le Mareschal. » Un inventaire du mobilier de la cathédrale d'Angers, daté de 1505, nous apprend qu'à cette date la *tapisserie* de l'*Apocalypse*, composée de six pièces, avait été complétée par une septième pièce donnée par la duchesse de Bourbon. Primitivement, on tendait cette magnifique *tapisserie* de chaque côté de la nef et du transept, les jours de grande fête; plus tard, à partir de la fin du XVIIe siècle, on l'employa à la décoration du sanctuaire et de l'abside; le placement des boiseries du chœur, sculptées par David père (1778-1783), la fit renvoyer dans le transept, où elle était encore il y a une quarantaine d'années. Mise depuis à l'encan, nous ne savons par suite de quelle circonstance, elle fut rachetée par Mgr Angebault, évêque d'Angers, qui la restitua au chapitre et à la fabrique de Saint-Maurice. La *tapisserie* de l'*Apocalypse* ne contient pas moins de quarante-deux sujets, les uns sur fond bleu, les autres sur fond rouge. Le premier sujet, qui est comme la préface de l'œuvre, représente un homme méditant sur l'*Apocalypse* posée devant lui sur un pupitre; une étoffe, semée de fleurs de lis et de croix, forme dais au dessus de sa tête et dossier derrière son siège; des papillons, dont les ailes sont diaprées aux armes d'Anjou et de Bretagne, voltigent dans les airs; enfin deux anges tiennent, au sommet de l'édifice qui abrite ce personnage, deux étendards armoriés d'Anjou et de la croix de Lorraine. La première scène apocalyptique nous montre saint Jean écoutant la voix céleste qui lui parle et prenant le livre où il va écrire sa vision, pour l'envoyer aux sept églises qui sont sous ses yeux et que gardent sept anges. Dans le quarante-deuxième compartiment, l'ange qui doit mesurer la cité sainte tient une canne d'or; il prend saint Jean par la main et le conduit à la Jérusalem céleste.

Tapisseries d'Arras ou *Arazzi*, au Vatican. Nous avons consacré au mot ARAZZI un article spécial à ces *tapisseries* célèbres exécutées d'après les cartons de Raphaël. Nous croyons devoir compléter cet article par des renseignements empruntés au livre de Pas savant sur l'illustre peintre d'Urbin.

Ce fut pour décorer la partie inférieure des murs de la chapelle Sixtine, divisée par dix pilastres en autant de compartiments de la même largeur, que Raphaël dessina ces *tapisseries* célèbres. Il exécuta ce grand travail dans les années 1515 et 1516. On a prétendu que les *tapisseries* ne furent exécutées en Flandre qu'en 1520 et qu'elles n'arrivèrent à Rome qu'après la mort de Raphaël; mais des documents authentiques prouvent qu'elles furent apportées au Vatican en 1518 et que le maître eut ainsi la joie de voir son œuvre couronnée d'un plein succès; car l'enthousiasme des Romains fut indescriptible. Vasari, parlant de ces *tapisseries*, dit « qu'elles paraissent plutôt créées par un miracle que par la main des hommes ». On croit que le Flamand Bernard van Orley, qui avait étudié sous Raphaël, dirigea la fabrication des *arazzi*. Il existe, du reste, plusieurs répétitions de ces admirables ouvrages et l'on a souvent dit qu'elles avaient été commandées par Léon X pour être offertes en présent à des souverains alliés; mais ce pontife étant mort la même année que Raphaël, c'est-à-dire en 1520, il n'est guère admissible qu'il ait eu le temps de faire exécuter tous les exemplaires que l'on connaît. On a discuté aussi sur le point de savoir en quelle ville de Flandre les *arazzi* avaient été fabriqués; Passavant et beaucoup d'autres historiens se sont prononcés pour Arras même; des écrivains de Belgique ont nommé Bruxelles; un érudit de ce pays, M. Alexandre Pinchart, a publié dans la *Revue universelle des arts* (1857) un article où il a produit un document d'où il résulterait que Thomas Vincidore, de Bologne, élève de Raphaël, dont Albert Dürer fit la connaissance à Anvers au mois de mai 1521, serait venu en Flandre en 1520, chargé par Léon X de surveiller la fabrication des *tapisseries*; M. Pinchart ajoute : « La haute lisse était presque morte à Arras en 1520 et les fabriques les plus renommées de cette époque sont celles de Bruxelles, Oudenarde, Enghien et Tournay. Le mot *panni arazzi*, employé par Vasari, était le mot en usage pour signifier les *tapisseries* de haute lisse; il aura induit en erreur les premiers auteurs qui ont relevé cette particularité. Quant à moi, je ne sais pas encore la localité où ces *tapisseries* ont été confectionnées et je n'ose pas accepter Bruxelles sans faire de réserve, puisqu'on voit par le *Journal de voyage* d'Albert Dürer, que Thomas Vincidore résidait à Anvers. » M. Pinchart raisonne ainsi dans l'hypothèse où les *arazzi* n'auraient été exécutées qu'en 1520, et nous avons vu que ces ouvrages étaient parvenus à Rome en 1518. Rien n'empêche d'ailleurs de croire que Vincidore, chargé de faire confectionner de nouveaux exemplaires, se sera adressé à un fabricant de Bruxelles ou de quelque autre ville belge. Il se pourrait également, comme l'a conjecturé M. Passavant, que cet artiste fût venu en Flandre pour diriger l'exécution de la seconde série de *tapisseries* représentant la *Vie de Jésus-Christ*, d'après des cartons commandés à Raphaël par François Ier, série qui, après avoir longtemps servi à l'ornement de la basilique de Saint-Pierre, a été transportée dans la galerie du Vatican, à côté des *arazzi* de la Sixtine représentant les *Actes des apôtres*.

Tapisseries d'Aulhac; au palais de justice d'Issoire (Puy-de-Dôme). Ces *tapisseries* qui, pendant la Révolution, furent enlevées à une habitation d'Aulhac et transportées à Issoire, sont malheureusement très détérioriées. Elles representent des épisodes de la guerre de Troie et paraissent avoir été exécutées dans la seconde moitié du xve siècle. La composition en est très remarquable pour l'époque. Elles ont 4^{m} 33 de hauteur.

Tapisserie d'Auxerre, dite de *Saint-Etienne*, appartenant à l'Hôtel-Dieu d'Auxerre. Quatre scènes se partagent cette tenture. La première représente le corps de saint Etienne abandonné au lieu de son martyre et exposé aux bêtes; deux anges transportent au ciel l'âme du saint Diacre. Dans le deuxième compartiment, on voit « comment Gamahel (Gamaliel), occultement, pour la crainte des Juifs, porta le corps de saint Etienne en la ville nommée Caphargamala et le mit en son sépulcre ». Dans la troisième scène, le prêtre Lucien, pendant son sommeil, est averti trois fois par Gamahel du lieu où repose le corps de saint Etienne. La quatrième scène nous montre Lucien révélant sa vision à Jean, évêque de Jérusalem. Les armoiries de J. Baillet, évêque d'Auxerre à la fin du xve siècle, se trouvent sur une colonne et sur un puits qui séparent deux des scènes.

Tapisserie du château de Bayard. — Après avoir longtemps décoré la grande salle du château de Bayard, près de Grenoble, cette *tapisserie* fut transportée à Lyon, où elle a été achetée par M. Jubinal, qui en a publié la description et le dessin dans son ouvrage intitulé : les *Anciennes tapisseries historiées* ou *Collection des monuments les plus remarquables de ce genre qui nous soient restés du moyen âge, à partir du* XIe *jusqu'au* XVIe *siècle inclusivement* (Paris, 1838, 2 vol. in-fol.). La *tapisserie* du château de Bayard se compose de trois pièces qui ont chacune 2 m 33 de largeur sur 4 m 33 de hauteur. Comme la tapisserie d'Aulhac, avec laquelle cette dernière dimension lui est commune, elle représente des héros de l'*Iliade*. On y voit Penthésilée, reine des Amazones, venant au secours de Troie et reçue par Priam et sa cour; cette même reine combattant contre Diomède, tandis que Philiménès est aux prises avec Ajax, fils de Télamon; Pyrrhus armé chevalier, avec tout le cérémonial du moyen âge. Ces diverses scènes sont rendues d'une façon très expressive; les figures sont belles, les costumes riches et élégants.

Tapisserie de Bayeux. — Cette tapisserie, brodée à l'aiguille, n'a pas moins de 74 m 34 de long, sur une hauteur de 0 m 50. C'est le plus ancien ouvrage de ce genre que l'on connaisse. Elle représente l'histoire de la conquête de l'Angleterre par Guillaume de Normandie, en une série de scènes dont chaque sujet est indiqué par une inscription latine. La série

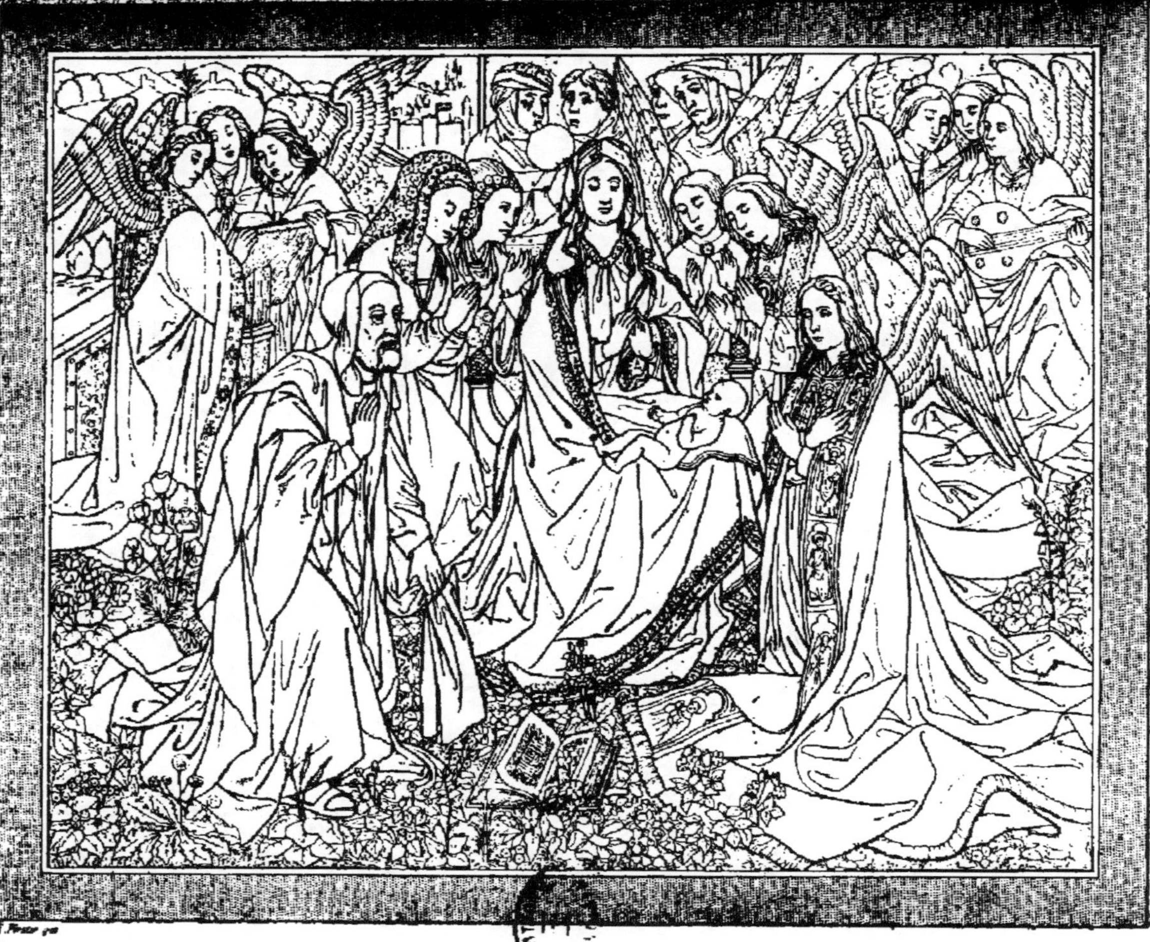

Tapisserie religieuse du xve siècle.

commence au départ d'Harold de la cour d'Edouard, et se termine à la bataille de Hastings. Les figures, d'un dessin rude et barbare, mais pleines d'expression dans les attitudes, sont brodées sur une toile de lin, avec des laines de huit couleurs différentes : bleu léger et bleu foncé, rouge, jaune, vert foncé et vert léger, noir, couleur isabelle. Ces couleurs sont loin d'être exactement réparties selon la nature des objets. A l'intérieur des figures, la laine est posée à plat, et reprise ensuite par des points de chaînettes; les contours, les articulations, les plis des vêtements sont arrêtés par une espèce de cordonnet; les contours des chairs sont simplement indiqués par un trait bleu, rouge, jaune ou vert. Les scènes historiques n'occupent qu'une hauteur de 0 m 33, et sont comprises entre deux bordures, où sont figurés des animaux réels ou fabuleux, des chasses, des épisodes de la vie rustique, etc. Pour faciliter sans doute l'exposition de cette longue frise brodée, on a ajouté dans le haut, au moyen d'une couture, une tapisserie également fort ancienne, mais moins belle, de 0 m 20 de hauteur, où sont représentés, à défaut de figures, des croix simples, doubles, triples, au devant d'une espèce d'autel, une échelle dont les montants sont terminés par une croix, et son petit étendard rayé, dont la hampe est surmontée d'une croix.

Suivant une ancienne tradition, ce fut la reine Mathilde, femme de Guillaume le Conquérant, qui broda la tapisserie de Bayeux.

Telles sont les principales tapisseries historiques de la France qu'il importe de connaître.

Certes, il serait utile encore de mentionner celles de Beauvais, de Dijon, de Reims, de Valenciennes, qui, toutes, peuvent éveiller en l'esprit les données générales de l'art décoratif en ce genre. Nous conseillons donc à l'amateur de les voir à l'occasion. Mais une visite qui s'impose est principalement celle à faire à notre manufacture des Gobelins, à Paris, dont le Musée possède des échantillons remarquables de toutes les fabrications et de tous les genres.

III

L'ATELIER ET LE MATÉRIEL

La pièce où l'on devra s'installer doit présenter tous les avantages d'un atelier de peinture. S'il n'est au jour du nord, qui est sans contredit le meilleur, surtout ici, où aucun miroitement ne doit se produire, il doit prendre jour d'un côté seulement. Le chassis vitré sera muni d'un store blanc si le soleil peut pénétrer une partie de la journée.

L'ouverture de la baie d'éclairage, grande fenêtre ou chassis, doit être à gauche par rapport au panneau sur lequel on devra travailler, soit qu'on s'installe sur un grand chevalet spécial, soit qu'on dresse un chassis contre le mur même de l'atelier. Cette disposition est urgente, parce que le travail étant toujours de grande dimension, c'est la seule qui ne porte point d'ombre sur le sujet.

Le matériel se composera :

D'une grande table à trétaux ;

Un escabeau et une marche ;

Une règle en T ;

Un piquoir ;

Du drap à piquer ;

Une pierre ponce ;

15 litres en verre pour les couleurs ;

3 boîtes pour contenir les verres à couleurs ;

3 douzaines de verres à boire ou gobelets sans pied ;

Une douzaine d'assiettes blanches ;

2 boîtes à brosses ;

2 éponges ;

Palette et boîte à peindre ;

Une poncette et de la poudre à poncer ;

Des molettes en verre ;

De la toile ;

Un chevalet mécanique, ou pour les grandes pièces un chevalet de verrier, à grand chassis carré tombant jusqu'à terre.

Les litres en verre, litres communs, sont destinés à la réserve des couleurs liquides.

Les verres à former godets.

Les assiettes blanches pour l'essai des tons.

La poncette est un rouleau de feutre à chapeau, roulé serré, d'environ quinze centimères de long sur dix de diamètre, ou épaisseur. On en unit bien les extrémités en les frottant au papier de verre afin qu'il n'y reste point de peluches : c'est avec le plat de la poncette qu'on prend la poudre pour poncer le dessin.

La poudre à poncer se fait avec de la résine broyée impalpable dans laquelle on incorpore à la molette un peu de couleur en poudre, de l'ocre rouge de préférence. Cette préparation ne présente aucune difficulté.

Les palettes et la table à peindre ne sont pas d'absolue nécessité, puisque de simples assiettes blanches peuvent les remplacer. Toutefois, nous engageons l'amateur à se procurer la table à peindre, ou à s'en organiser une lui-même afin d'éviter l'encombrement ou le désordre. Imaginez donc un damier dont les tiroirs seraient destinés à recevoir de chaque côté les gobelets à couleur et au centre une grande plaque de porcelaine pour palette initiale, ce qui ne vous empêchera nullement l'emploi des assiettes blanches posées n'importe où pour essais de tons.

LA TOILE

Les toiles dites *Toiles Binant* sont les plus généralement adoptées : au surplus, elles sont incontestablement les meilleures, étant tissées avec des fils apprêtés pour le genre de peinture qui nous préoccupe, elles ont une affinité toute particulière pour les couleurs liquides.

Leurs grandes largeurs variées permettent d'entreprendre toutes sortes de décorations de n'importe quelle dimension. Elles existent en différents types ou grains différents.

Celles à grains carrés, par exemple, servent : les n°s 11 et 17, pour imiter les anciennes tapisseries à point fin et irrégulier; le n° 12 pour les anciennes tapisseries à point carré, dont la fameuse tapisserie de Bayeux est un des plus beaux types; les n°s 15, 16, 19, 20, 21, dits *points Gobelins*, ainsi que les n°s 13 et 14, côtelés, petites et grosses côtes, conviennent à tous les autres genres de tapisseries, depuis les

1. J. Godon, *La Peinture sur toile et tissus divers imitant la tapisserie*. Paris, 1885.

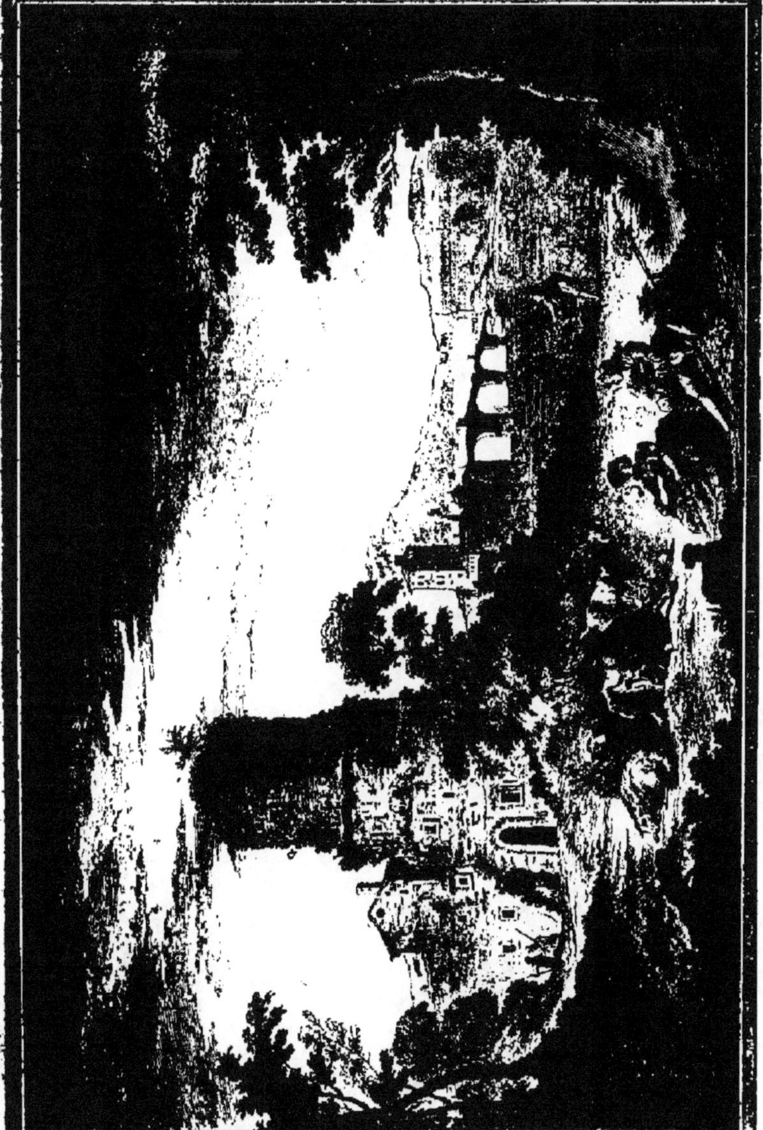

Tapisserie décorative du XVIIIe siècle.

tapisseries flamandes, de Saumur, de Fontainebleau jusqu'à nos tapisseries des Gobelins, de Beauvais et d'Aubusson.

Pour les tapisseries flamandes :

De 2 mètres et au dessus, on prendra les n°s 14 et 21 ;

De 1^{m} 50 à 2 mètres, le n° 16 ;

Au dessous de 1^{m} 50, les n°s 13 et 12.

Pour les tapissseries de Beauvais, des Gobelins et d'Aubusson (haute lisse et basse lisse, bien entendu, il ne peut être question ici de petit point).

De 2 mètres et au dessus, on prendra le n° 17 ;

De 1 mètre à 2 mètres, on prendra les n°s 13 et 15 ;

Au dessous de 1 mètre, les n°s 19 et 20.

On se sert également de côtelés laine et des côtelés soie dont les n°s 20 *ter* et 15 *ter* pour la laine et 10 *bis* pour la soie correspondent aux n°s 20 et 15 des toiles.

Lorsque la copie qu'on doit reproduire doit être de la grandeur de l'original, ce qu'il y a de mieux à faire est de prendre la toile qui contient le même nombre de fils que cet original.

Les toiles, si l'on en fait provision, doivent être tenues dans un endroit sec à l'abri de la poussière, et il est bon de battre tous les deux ou trois jours celle sur laquelle on travaille.

En résumé il y a des toiles de toutes les largeurs, depuis 0^{m} 70 jusqu'à 3^{m} 50, et de plus larges encore, qu'on peut obtenir sur commande, et qui permettent d'aborder tous les travaux de décoration. Elles correspondent à tous les points qu'il convient pour imiter toutes les sortes de tapisseries. Il y en a en coton côtelé, blanc ou écru, en fil, en laine et en soie.

Du tendage des toiles. — L'emploi des chassis n'est nullement nécessaire : dans ce cas, le tendage se fait au mur avec des clous à tête plate, dits semences.

On commence par le haut, en fixant toute la partie supérieure par des semences placées de dix en dix centimètres, puis on fixe le bas, entièrement aussi par le même moyen, et enfin les côtés, en espaçant un peu plus les semences. On ne doit pas craindre de tirer vigoureusement sur la toile de façon à ce qu'elle soit bien tendue.

Si l'on n'aime point à travailler sur une

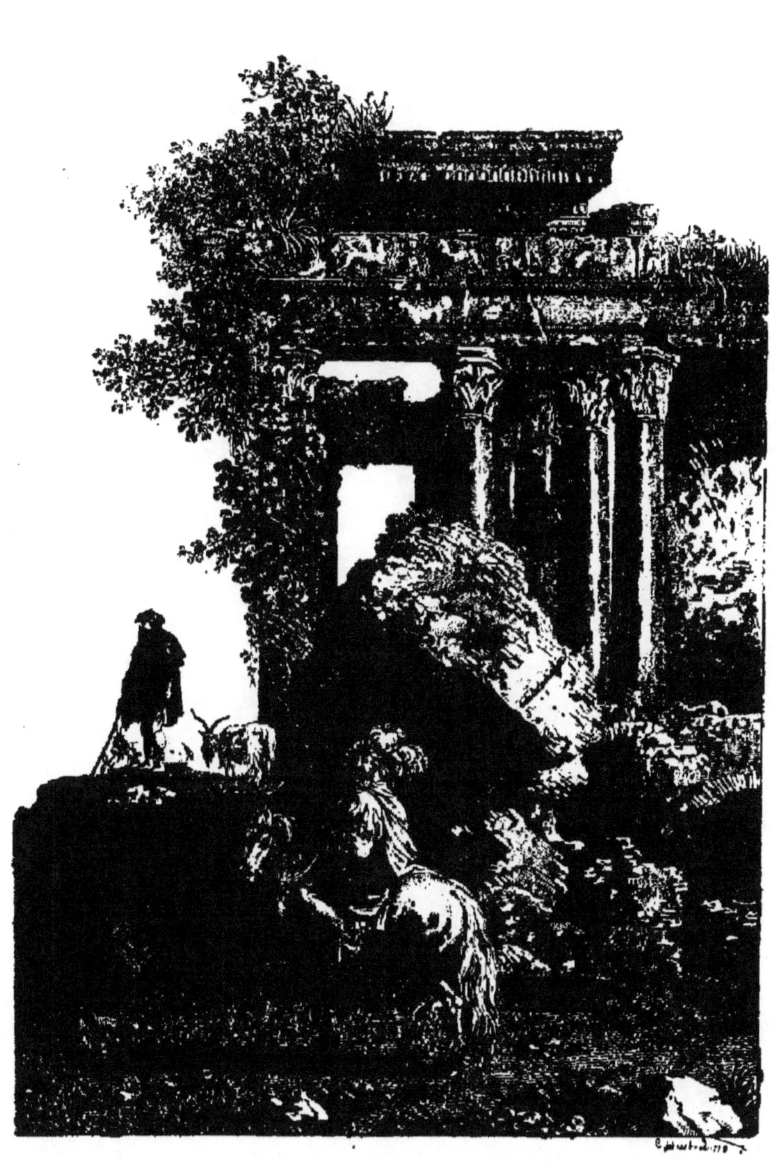

Tapisserie décorative du XVIIe siècle.

surface dure, on place en haut du pan de mur une barre de bois plate mais épaisse dont le biseau inférieur est arrondi, qu'on fixe très solidement du haut, et c'est sur cette barre qu'on fixe la partie supérieure de sa toile ; elle suffit à distancer la toile du mur et à lui donner une certaine souplesse.

De cette façon aussi on évitera les bavochures qui pourraient se produire par suite d'une humidité de couleur employée trop liquide, accident qui peut toujours arriver, et qui demeurerait entre mur et toile.

Pour les panneaux de petite décoration, il est préférable de tendre sur chassis : en ce cas, on procède comme pour les toiles à peindre, en fixant d'abord un des côtés, le gauche de préférence, selon un fil vertical de la trame, qu'on suit avec la plus grande précaution, puis on fixe le côté d'en face, puis le haut, enfin le bas. Le grand point à observer, c'est de conserver en tendant la toile les fils bien dans leur position selon la verticale et l'horizontale.

LES COULEURS

On peut peindre un imitation de tapisserie avec toutes les couleurs aussi bien les couleurs à l'eau que les couleurs à l'huile et les teintures. Il y a donc bien des marques et des procédés. A l'amateur peu soucieux de se préoccuper de triturer ses couleurs nous dirons adressez-vous à votre fournisseur qui vous enverra des couleurs spécialement préparées par nos bonnes maisons de Paris qui ont entrepris cette fabrication, telles les maisons Sevin, L. Berville, Mary, G. Sennelier, F. Lefèvre, etc..., qui ont fait d'excellentes préparations désignées sous le nom de couleurs liquides ou de teintures. Leur désignation individuelle importe peu ici, il suffit de demander les tarifs et prospectus, toutes celles qui figurent trouvent leur emploi dans la peinture-tapisserie. Elles ont en effet leur adaptation dans les tons à composer dont nous allons parler.

Mais auparavant il nous faut parler des divers procédés de la peinture à l'huile adoptés pour ce genre afin de n'avoir plus à y revenir.

Procédé à la cire : on a remarqué qu'en faisant la dilution des couleurs avec une mixtion faite d'essence de térébenthine contenant de la cire vierge en suspension, on arrêtait l'extension de l'huile en cernes autour de la couleur. De cette observation est né le procédé dit de la peinture à la cire pour les imitations de tapisseries, et la meilleure préparation ou mixtion spéciale est la *Stofféine Wood.*

Pour ce procédé nous surbroyons préalablement la couleur à l'huile avec la Stofféine Wood en laissant évaporer un peu la térébenthine de façon à condenser la couleur qui doit prendre place dans des godets creux de porcelaine ou de verre, puis nous peignons très liquide en diluant ensuite ces couleurs préparées avec la *Stoffeine* pure.

On se sert de toiles spéciales en ce sens qu'elles sont en tissus à grains de tapisserie mais encollées ou préparées pour la peinture à l'huile.

C'est là, selon nous, le seul procédé qu'on doive employer en dehors du procédé propre et spécial des teintures et couleurs, il n'a qu'un défaut c'est qu'on n'y arrive très difficilement au relief et aux effets vigoureux, ce qui toutefois n'est jamais indispensable pour la décoration, bien au contraire. Si on voulait y atteindre, il faudrait avoir recours à un procédé mixte qui consiste à employer les teintures et couleurs spéciales pour les dessous, la peinture à l'huile et à la cire pour l'exécution, enfin aujourd'hui qu'on est arrivé à fixer le pastel sans en dénaturer l'aspect, on trouvera dans ces merveilleux crayons des couleurs tendres qui permettent tous les rehauts, tous les raffinements de la couleur.

DES COULEURS SPÉCIALES. — TEINTURES

L'amateur peut désirer préparer ses couleurs lui-même, et en ce cas il procèdera de la manière suivante : il se procurera les vingt-six couleurs dont les noms suivent :

Vert jaune,
Vert ancien,
Vert turquoise,
Vert bleu,
Vert brun,
Sienne naturelle,
Terre d'Italie claire,
Terre d'Italie foncée,
Brun d'Italie,
Brun sépia,
Rouge indien,
Laque jaune,
Noir,
Ecarlate,

Rose n° 1,
Rose rouge,
Carmin,
Rouge,
Laque Magenta,
Bleu de France,
Cobalt,
Gros bleu,
Jaune pâle,
Jaune moyen,
Jaune orange,
Laque violette.

Ces couleurs se trouvent partout dans le commerce et se vendent en poudre : on les fait dissoudre dans l'eau froide avec un peu d'alcool, dans la proportion de :

Couleur, 10 grammes ;
Eau, 99 centilitres ;
Alcool, 30 centilitres.

On ajoute gros comme une noisette de mucilage de gomme adragante, cette substance ayant la propriété de tenir les couleurs en suspension, préserve des dépôts pâteux qui se formeraient au fond. La préparation se fait dans un litre : on agite vigoureusement, à plusieurs reprises, puis on laisse le mélange s'opérer tout seul pendant deux ou trois jours.

On prépare en outre un médium-tapisserie qui n'est autre chose qu'une dissolution à froid de mucilage de gomme adragante. Cette préparation est nécessaire pour la dégradation des tons qui s'obtient par l'addition d'eau dans les couleurs préparées. La gomme du médium-tapisserie joue donc le même rôle que dans la confection des couleurs auxquelles il sert en outre de dilutif et de véhicule.

DES TONS CONVENTIONNELS

Pour l'amateur connaissant bien la peinture à l'huile, il n'est nul besoin de se préoccuper autrement de la composition de ses tons : qu'il emploie le procédé à la cire ou le procédé des teintures, il adaptera à l'imitation des tapisseries anciennes ses habitudes de peintre, et composera ses tons comme il fait d'ordinaire. Il lui suffira de les tenir dans une gamme harmonique après avoir eu soin de préparer ses gammes en trois valeurs, comme nous allons l'indiquer ci-dessous.

Mais nous ne nous flattons pas d'écrire pour les peintres qui se disent à l'oreille tous les secrets d'atelier, qu'ils se gardent bien de donner aux amateurs.

Donc l'amateur, plus timide et défiant de lui-même, préparera un certain nombre de couleurs ou de tons composés dits conventionnels. De cette façon, sans doute il n'atteindra pas de suite aux finesses du coloris mais il se tiendra toujours dans une harmonie où rien ne détonnera, et s'il a par exemple préparé un ton *bois*, il pourra y avoir recours, comme base, chaque fois qu'il aura du bois à représenter sans que la recherche qu'il lui serait nécessaire de faire, s'il n'avait sous la main un ton tout fait, trouble et salisse les couleurs-mères, lesquelles ne pourraient plus ensuite lui être d'aucune utilité.

Ces tons conventionnels seront composés dans quatre valeurs ou intensités différentes, savoir : une gamme foncée, une autre *moins foncée*, une claire, une autre *très claire*.

On fera ainsi les tons conventionnels suivants :

Le vert bleu,	Le jaune,
Le vert jaune,	Le bleu,
Le rose,	Le bois,
Le rose-rouge,	Le chair.

Ces tons s'obtiennent de la façon ou par les mélanges suivants :

Le *vert bleu* : Vert en poudre seul,
Eau,

Alcool à 40°,
Mucilage de gomme adragante.

Le *vert jaune* : Terre de sienne naturelle,
Vert végétal,
Alcool,
Mucilage.

Le *rose* : Laque rose,
Terre d'ombre,
Alcool,
Mucilage.

Le *rose-rouge* : Brun rouge,
Laque carminée,
Alcool,
Mucilage.

Le *jaune* : Jaune de chrôme,
Terre de sienne naturelle,
Alcool,
Mucilage.

Le *bleu* : Cobalt,
Bleu de Prusse,
Alcool,
Eau,
Mucilage.

Le *bois* : Terre d'ombre,
Ocre jaune,
Alcool,
Eau,
Mucilage.

Le *chair* : Laque carminée,
Vermillon,
Sienne brûlée,
Alcool,
Mucilage,
Eau.

L'eau n'est nécessaire que pour les deux premiers tons, c'est-à-dire les plus clairs, on supprime l'eau pourles tons plus soutenus : on mettra donc de l'eau pour faire ce que nous avons appelé le ton *moins foncé* et le ton le *plus clair*.

A tous, il faut l'alcool et le mucilage de gomme adragante.

Quant à la proportion, elle s'établit au jugé, la couleur devant rester fluide sans être trop liquide. A l'aide de ces huit tons conventionnels, on peut composer une infinité de tons, ce n'est plus qu'une question de goût, de pratique et d'observation.

La présence de l'alcool oblige à fermer avec soin les récipients : soit, à boucher les litres, à recouvrir les verres ou godets.

Telle est la composition des couleurs et des tons conventionnels. Je le répète, si votre bourse vous autorise l'emploi des couleurs spécialement préparées, vous vous éviterez le souci de les préparer vous-même. Mais si l'économie vous commande de les faire, vous trouvez chez tous les marchands de couleurs les couleurs en poudre surbroyées, qui sont toutes bonnes, qu'elles soient des terres ou des produits de fuschine ou d'aniline peu importe pour la peinture en imitation des tapisseries.

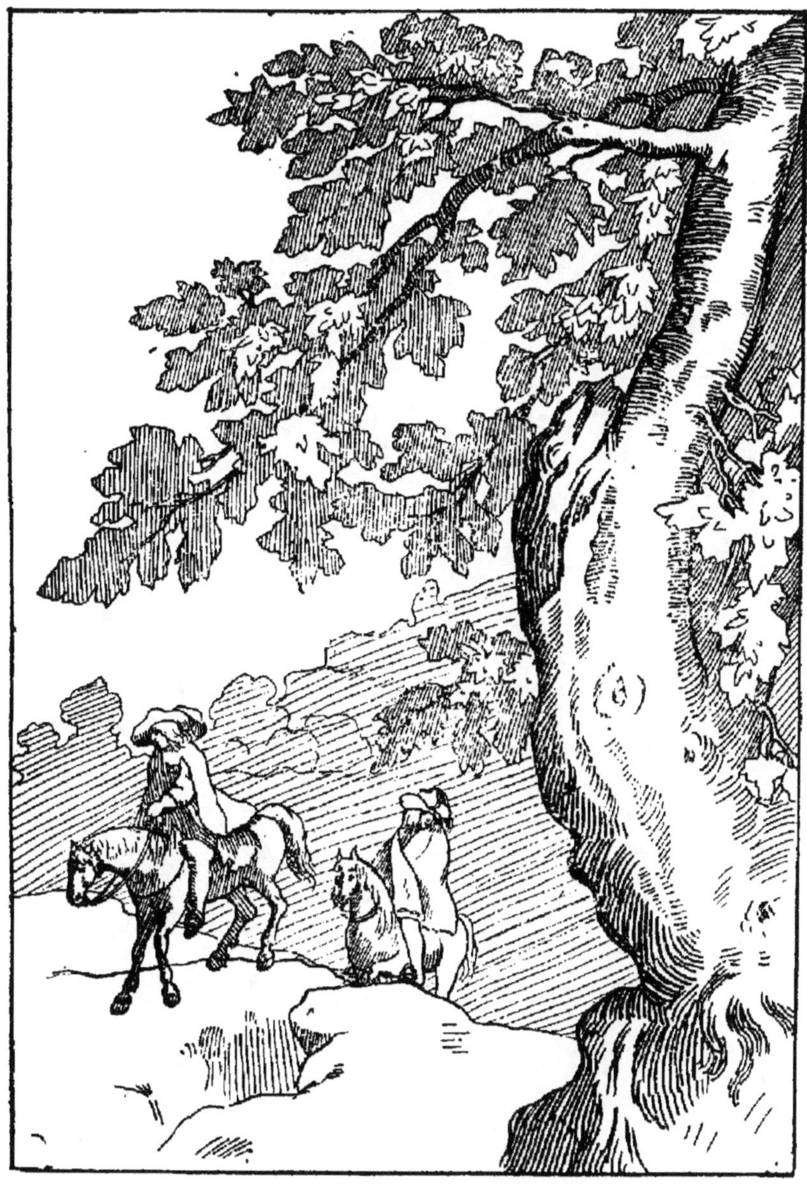

Indication des feuilles et du modelé des troncs d'arbres dans les tapisseries verdure.

III

DE L'EXÉCUTION

1re OPÉRATION : DU DESSIN — REPORT DU SUJET

Nous verrons plus loin, au choix des sujets à adopter, par quels moyens on arrive à composer un dessin destiné à servir de modèle pour l'exécution d'une tapisserie. Pour le moment, nous supposons que nous avons acheté le modèle. Il est rare que le modèle soit de la grandeur voulue; la première opération consistera donc à l'augmenter. Pour cela on emploiera la méthode de l'augmentation au carreau, une fois le dessin en grandeur, on le relèvera au calque sur papier transparent dit dioptyque. Vous placez le papier calque sur le sujet en le fixant au sommet. Seulement de façon à pouvoir le soulever de temps en temps, pour vérifier si le calque est bien exact. Ce relevé se fait au crayon Conté n° 2 taillé en pointe légèrement émoussée ou arrondie sur une pierre ponce afin qu'il ne déchire pas le papier en incisant le trait que l'on calque. C'est là un inconvénient grave auquel on ne fait pas assez attention et qui est cause que lorsqu'on ponce, on a des traces de poudre qui s'étendent et font bavocher le trait.

2° OPÉRATION : LE PIQUAGE

Le piquage est l'opération qui demande le plus de soin. Ce calque étant fait et vérifié, on l'applique sur une feuille de papier bulle dit à piquer, et on le fixe bien et de tous les côtés avec de la colle à bouche ou des bandes gommées A P qui se trouvent partout, en petits rouleaux. Et l'on passe à l'opération du piquage. Il faut faire vous-même votre piquoir. Pour cela prenez de préférence une aiguille à perles n° 26 ou 30, parce que plus les trous seront fins, plus le ponçage sera net et parfait. Mais vous cassez la pointe à environ un centimètre, et vous introduisez la tête de l'aiguille dans un morceau de bois blanc, une hampe de brosse à peindre par exemple : en prenant l'aiguille avec une pince plate vous l'introduisez aisément et vous forcez jusqu'à ce que l'aiguille ne dépasse plus que de quelques millimètres. C'est avec un piquoir ainsi fabriqué que vous juxtaposez les trous destinés à reporter le trait.

Vous placez ensuite le dessin, calque et papier bulle à plat sur une table recouverte d'un carré de drap. Si vous pouvez avoir soit une planche à dessin tendue d'un drap de soldat, cela est mieux ; en tous les cas ayez un morceau de drap assez grand : moins vous aurez à le changer de place mieux cela vaudra pour votre opération.

Ici se place une objection : si le sujet est trop grand pour être mis à plat d'un seul morceau, le piquage devient très difficile. En ce cas, avant de fixer le calque en papier bulle, on coupe ce calque en morceaux après l'avoir replié sur lui-même en autant de morceaux qu'on le juge nécessaire : on rétablit ensuite le sujet, par terre, à plat, et on numérote chaque morceau. On opère comme il vient d'être dit pour un sujet : seulement ici, c'est par morceaux qu'on procède, morceaux qu'il suffit de juxtaposer avec la plus grande attention pour que tous les fragments concordent entre eux, se raccordent bien, si l'on veut un dessin d'ensemble bien net et bien franc.

On doit tenir le piquoir verticalement, cela est très important, car si le trou de la piqûre n'est pas parfaitement droit, la poudre du poncis ne passe pas aussi facilement. Les trous doivent être espacés d'un millimètre environ : ce travail est minutieux, il exige une grande patience, mais il est absolument nécessaire qu'il soit parfaitement exécuté.

3e OPÉRATION : LE PONÇAGE

Prenez une pierre ponce présentant une assez large surface plane, frottez cette surface sur un carreau rouge dit de carrelage, de façon à rendre cette surface parfaitement unie, et par le même moyen abattez les angles pour éviter de déchirer le papier. Cette pierre ponce est destinée à enlever les bavures que fait chaque trou d'aiguille lors du piquage, de façon que la poudre du ponçage passe aisément et se trouve en contact immédiat avec la toile. Vous retournez donc le papier bulle, lequel est entièrement piqué, et vous frottez doucement à la ponce jusqu'à ce que vous ne sentiez plus aucune aspérité; puis, relevant le papier, vous regardez en transparence si tous les trous du piquage sont bien à jour.

Le ponçage se fait généralement à plat. La meilleure méthode est la suivante : placez une couverture de laine sur votre table, puis la toile sur cette couverture ; si le poncis est en plusieurs pièces, comme c'est le cas le plus fréquent, vous établissez la place qu'occupera chaque morceau, en commençant par le bas, et en rapprochant chaque morceau jusqu'en haut de la tapisserie. Ainsi assuré que tout trouvera bien exactement sa place, vous reprenez le premier morceau, généralement celui de gauche en bas du sujet, et vous le maintenez avec un objet lourd (un poids d'un kilo ou un fer à repasser), et vous tamponnez la poudre avec la poncette, en vous assurant que cette poudre traverse bien partout. Pour cela il suffit de soulever les coins et de déplacer le poids. On a ainsi la série de points destinés à conduire la main pour l'exécution du trait.

Voici comment se fait la poudre à poncer: Ayez une boîte en bois ou en carton, placez au fond une plaque de verre dépoli, et à l'aide d'une molette, broyez à poudre impalpable de la résine ou arcanson, ajoutez une pincée de couleur en poudre du ton que vous préférez, bleu, rouge, noir, etc., et rebroyez. L'ocre rouge nous semble le meilleur ton à adopter pour notre genre de travail, la poudre ainsi colorée rend l'effet de la sanguine.

En employant la poudre que nous venons d'indiquer, le repassage au trait n'est plus indispensable. En effet, la résine fond à la chaleur; il suffit donc, après avoir interposé un papier un peu glacé, sans avoir enlevé le calque, de passer un fer chaud sur le poncis pour le faire adhérer à la toile, et le modèle est transporté.

Il y a donc là un procédé tout à fait nouveau, mais le ponçage se fait également à la poudre de charbon, au talc sur les toiles foncées. En ce cas, il faut repasser le trait au pinceau. On prend un pinceau dit à filer, et on passe un ton d'ocre rouge à la pointe du pinceau. L'appui-main n'est pas nécessaire, bien au contraire, le trait exécuté avec la brosse tenue bien horizontalement, c'est-à-dire faisant avec la toile presque constamment un angle à 45°, donne un travail tout à la fois plus ferme et plus léger.

4e OPÉRATION : L'ENCOLLAGE

Une fois la toile bien tendue soit au mur, soit sur chassis, comme nous l'avons indiqué plus haut, il faut procéder à l'encollage.

Faites fondre, dans ce but, une feuille de gélatine dans un litre d'eau bouillante, puis, avec une large brosse à peindre, étendez cette colle sur toute la surface de la toile par dessus le poncis, de façon à bien imbiber la toile en commençant par le bas.

Il ne faut pas trop mouiller, et laisser bien sécher, avant de commencer à peindre.

Cette opération de l'encollage a pour but :

1° D'empêcher la peinture de s'étendre ;

2° De bien tendre la toile;

3° De fixer la peinture;

4° De faire disparaître les peluches de la toile ;

5° De ménager l'emploi du médium-tapisserie.

Il y a donc, selon nous, contrairement à ce

qu'ont affirmé certains praticiens, nécessité absolue à ne pas négliger cette opération de l'encollage.

Telles sont les quatre opérations qui précèdent toute exécution de peinture en imitation de tapisserie. Elles doivent être faites avec le plus grand soin, car il ne faut pas se dissimuler qu'ici la partie *métier* joue un très grand rôle, et ces opérations bien faites rendront le travail de la peinture beaucoup plus aisé et l'aspect final sera sûrement meilleur que si l'on apporte de la négligence dans le travail préparatoire.

DE LA MANIÈRE DE PEINDRE

L'ébauche.

Ne voulant pas faire double emploi avec l'excellent ouvrage de Julien Godon, nous donnerons seulement ici quelques notions sur la conduite du travail, d'une manière générale et s'appliquant à tous les sujets, notre modeste cadre ne comportant pas de placer ici des planches coloriées, ainsi que l'a fait notre prédécesseur, planches qui sont indispensables pour indiquer, dans une leçon écrite, les différentes phases, les différents états par lesquels passe une tapisserie. Je ne crains donc pas de vous dire : si après quelques essais vous n'êtes arrivé à des résultats satisfaisants, le livre de J. Godon vous remettra en route aussi complètement que possible, ses leçons-écrites étant d'une clarté parfaite.

Premier état. — Nombre de praticiens ébauchent à l'éponge, le ciel, les lointains à l'aide de tons très clairs ; puis en clair également, les arbres, les feuillages, les fabriques et les terrains. Il faut avoir soin de faire pénétrer la couleur dans la toile et pour cela travailler à pinceau plein et bien chargé de couleur.

Chacun des tons de cette première ébauche doit être posé dans le serti du tracé sans que le dessin apparaisse plus foncé à une place qu'à une autre. Quand toute la surface de la tapisserie est couverte, il faut laisser sécher cette ébauche et le mieux est de ne continuer que le lendemain.

Pour le *deuxième état*, on exécute les lointains que l'on termine complètement avant d'attaquer le second plan.

En effet, il faut que les lointains servent de

guide à la gamme des valeurs. Il est très difficile d'y revenir ensuite et l'on doit les tenir très clairs par suite de la difficulté qu'on a d'obtenir des grandes vigueurs de repoussoir dans ce genre de peinture. Cette appréciation de la valeur à donner aux tons des lointains vous sera rendue familière par quelques études ou pochades d'aquarelles où les rapports des tons se présentent à peu près dans les mêmes conditions.

Au *troisième état*, on attaque le second plan avec des tons plus soutenus, on laisse sécher, et l'on revient avec les derniers tons, ceux des vigueurs, mais des vigueurs relatives, dites de second plan, et non susceptibles de lutter de valeur avec ceux qu'on emploiera pour les premiers plans, dernière ressource pour arriver au relief et à l'effet.

Enfin, au *dernier état*, on exécute les premiers plans avec des tons plus soutenus, évitant les couleurs criardes, les rouges en particulier, qui font rarement bien en tapisserie s'ils ne sont fortement décolorés. Il faut affirmer le dessin en se servant de petites brosses, mais sans sècheresse, en tenant par conséquent le trait léger de touche et pas trop foncé de couleur. Le travail fait, on ne doit plus avoir à y revenir, car les retouches ici sont malaisées. Il vaut donc mieux conduire avec mesure chaque phase de son travail, en calculer la portée, par rapport à l'ensemble final qu'on veut obtenir, que d'avoir à y revenir autrement que par des fermetés. On peut modeler en ton sur ton soit dans une gamme claire, soit dans une gamme foncée, mais ratrapper des clairs là où un ton plus foncé est entré dans la toile est sinon impossible au moins très difficile, et dans tous les cas, l'exécution n'a plus jamais la franchise du premier jet.

De l'étuvage.

On appelle *étuvage* l'opération qui consiste à faire pénétrer la couleur dans l'intérieur même du tissu, comme s'il était resté longtemps dans les étuves de la teinture. En effet, le travail que nous venons d'indiquer n'est en réalité qu'une peinture ; pour le faire passer à l'état de teinture, l'opération de l'étuvage est indispensable. Voici comment on procède. Après avoir décloué la toile, on place sur une table ou sur le sol une couverture de laine et l'on y applique la toile, le sujet contre la couverture ; on en voit donc l'envers, sur lequel on passe une éponge mouillée jusqu'à ce que la toile soit bien imprégnée d'eau, bien humidifiée, sans inondation cependant, pour ne pas détremper la couleur, et immédiatement on repasse au fer chaud. Cette opération doit se faire rapidement ; elle est terminée dès qu'on voit apparaître au revers une partie du dessin. On relève la toile qu'on suspend au mur à nouveau, pour qu'elle sèche bien complètement, et on voit alors le sujet apparaître dans toute la pureté, flou et fondu, ainsi que doit être une bonne imitation de tapisserie.

IV

DE LA COMPOSITION ET DES SUJETS A PEINDRE

L'exécution matérielle une fois connue, et laissez-moi vous dire qu'avec un peu d'exercice vous arriverez très rapidement à parfait résultat, la question des sujets à adopter, des motifs à composer devient l'objectif principal de l'imitation des tapisseries, si vous entendez rester en dehors de toute banalité.

Au début, le mieux est de vous procurer quelques modèles exécutés par des professionnels, et c'est d'après ces modèles que vous chercherez le métier proprement dit; mais deux maisons seulement, à Paris, la maison Berville et la maison Mary, font la location des modèles, en grandeur, et principalement ceux de E. Bataille. Vous trouverez ainsi des modèles de sièges et fauteuils, d'écrans de cheminée, de chasubles, d'étoles, de bandes et de panneaux divers, de dessus de piano, etc., etc., et je ne crois pas trop m'avancer en vous disant que sur demande vous pouvez obtenir de ces maisons à peu près tous les modèles que vous désirerez peindre.

Mais une fois ces premières décorations obtenues, vous devez chercher à composer vous-mêmes des sujets originaux. Pour cela, le mieux est de vous entourer de quelques ouvrages d'art, tels que la collection de l'*Art pour tous*, de gravures anciennes, principalement celles du XVIIIe siècle, pour les sujets de genre. Vous trouverez aussi pour le style flamand des gravures de la collection Hermet qui vous donneront des sujets tout faits et qui ne seront plus qu'à mettre à la grandeur voulue, par le procédé si simple que nous donnons à la fin de ce petit livre.

Pour ce qui est de la composition, vous devez vous placer à un point de vue très spécial, en dehors de tout autre art. Je l'ai dit, la tapisserie ne doit en rien ressembler à la peinture. Je vous ai déjà parlé de la couleur qui, au point de vue décoratif, doit être plutôt grise que montée de ton. Toutefois ce dernier mode de peindre peut

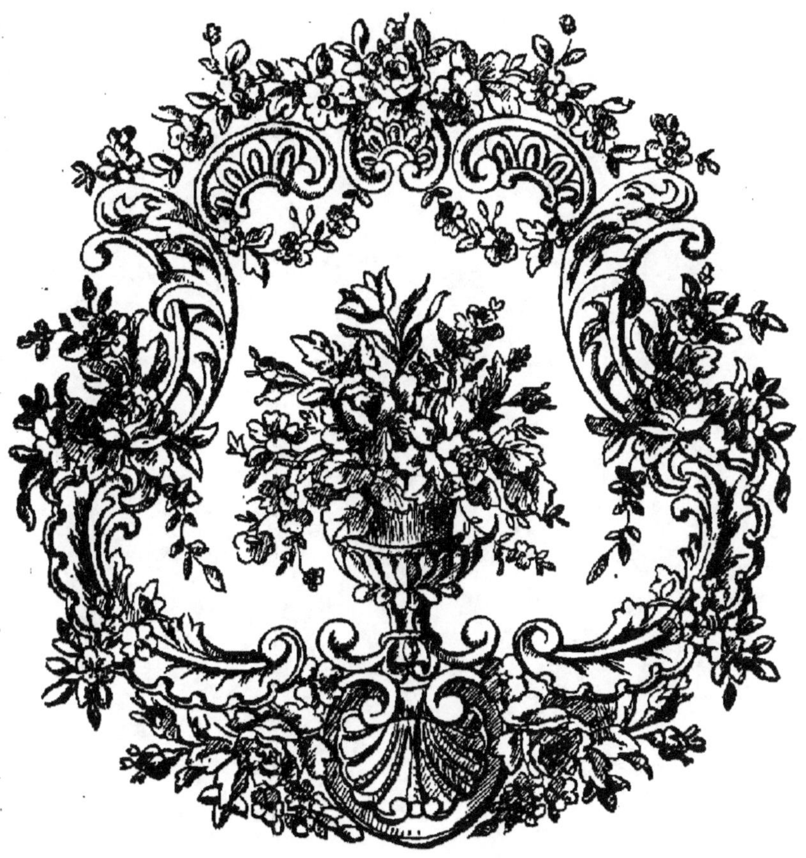

Modèle de fauteuil Louis XVI, par E. Bataille, de Paris.

être adopté, et les figures alors y doivent être abondantes, les ornements riches, la composition très fournie.

« Cela n'est possible, dit Charles Blanc [1], qu'à la condition de placer le point de vue très haut et de supprimer par là les raccourcis de la perspective. C'est ainsi que les Chinois décorent leurs vases, leurs étoffes, leurs paravents, leurs panneaux, leurs tentures. En supposant le spectateur sur une montagne, ils lui offrent un paysage qui presque toujours envahit le ciel; ils échelonnent des figures qui, devenant plus petites, deviennent plus nombreuses. Ils développent en hauteur de grandes étendues, et, multipliant les actions et les motifs qui peuvent amuser l'œil, ils font voir dans le haut de leur décoration ce qu'un peintre aurait mis dans le lointain de son tableau.

Quand tout est clair dans une composition, quand le terrain est d'une couleur tendre, quand les personnages sont peints légèrement, avec une certaine *vaguesse*, comme l'on dit, la présence du ciel peut convenir à merveille, mais cela n'est guère

1. *Grammaire des arts décoratifs*, page 100.

admissible que dans une peinture de convention. Nous avons vu, dans une exposition de tapisseries, un grand paysage au milieu duquel tourne une ronde de nymphes dansant au son de la flûte, à peu près comme dansent les Muses dans l'admirable *Parnasse* de Mantègna.

Tout y est lumineux et doux, tout y est blond; les arbres ont éteint leur verdure, la prairie est à l'unisson des nuages. Les nymphes traversent comme des fantômes lumineux un jardin enchanté où la lumière et l'ombre se sont l'une et l'autre évanouies.....

Au contraire, toutes les fois qu'une composition est remplie de figures vigoureuses et surmontée d'un ciel clair, la tenture, dont l'objet est de couvrir le mur, paraît incomplète, le trumeau semble troué ; l'ouvrage chavire, et l'équilibre optique est rompu. Voilà pourquoi dans les belles tapisseries anciennes, le ciel est toujours supprimé. On a choisi un point de vue assez élevé pour faire monter jusqu'au bord supérieur du tissu, paysage, montagnes, rochers, maisons, chateaux, figures. Alors, la décoration se tient de bas en haut ; elle est véritablement une muraille ornée.....

L'absence de perspective, ou, ce qui revient à peu près au même, la grande élévation du point de vue, a de plus cet avantage dans la tapisserie, qu'en donnant très peu de ciel, lorsque le fond est un paysage, elle diminue les percées de lumière, qui font toujours un fâcheux effet parce qu'ils répètent sur les clôtures ou sur les trumeaux ce que l'on voit assez par les fenêtres. De plus, tous les objets étant ou paraissant être sur le même plan, je veux dire proches des yeux, il est naturel qu'ils soient revêtus de leurs franches et vives couleurs, parce que la dégradation des tons n'est motivée que par l'éloignement. »

Lorsqu'il parle des couleurs franches et vives, Charles Blanc n'entend pas, je le répète, les couleurs donnant le relief de la peinture, ce qui serait absolument contraire à l'art même de la tapisserie, il entend la couleur locale des objets eux-mêmes, c'est-à-dire abstraction faite de toute perspective aérienne. Les modelés ne doivent être obtenus que par la juxtaposition des valeurs et non par leur fondu. C'est pourquoi, plus l'exécution sera simple, plus grand sera l'aspect d'une tapisserie. Le choix du motif dépend de la destination. Un petit salon comportera des sujets Louis XV.

Une salle de billard des verdures ou des sujets flamands. Un cabinet ou une bibliothèque des sujets de la Renaissance. Les bordures seront assorties : de fortes guirlandes de fleurs et de fruits entrelacés pour les sujets Louis XIII, des rinceaux légers semés de fleurettes pour les sujets Watteau ; les paysages seront bordurés de cadres jaune et rouge ou de guirlandes de fruits. Telles sont les indications générales que nous pouvons donner ici. Nous terminerons par un rappel de la méthode universelle d'agrandissement qui permet de mettre un document quelconque à une échelle également quelconque, laissant à votre esprit d'initiative le soin de développer et de compléter les renseignements qui précèdent et qui ont été recueillis auprès d'un de nos meilleurs praticiens doublé d'un véritable artiste.

V

MÉTHODE D'AGRANDISSEMENT

OU DE RÉDUCTION

Il y a deux cas d'agrandissement bien distincts : 1° celui qui consiste à augmenter un modèle dans une proportion fixe, soit de moitié, d'un quart, d'un huitième, etc... La méthode est fort simple, c'est celle dite de la *réduction du carreau*. Inversement suivie, elle devient celle de l'augmentation. On divise le modèle, ou si l'on ne veut point le compromettre, une feuille de papier calque, végétal très transparent, appliquée dessus, en quatre, huit, seize carreaux, et pour cela, il suffit de diviser deux côtés du modèle, savoir : un des côtés dans le sens de la hauteur, un autre dans le sens de la largeur, en deux, quatre, huit parties. C'est-à-dire chaque côté en la moitié des divisions qu'on voudra obtenir de carrés, on trace avec ces divisions et avec l'équerre des horizontales sur le côté de la hauteur, des verticales sur celui de la largeur et l'on obtient par le croisement des

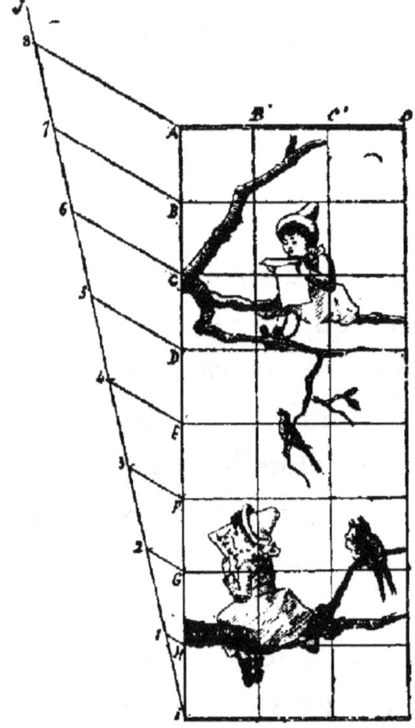

lignes ainsi tracées les carrés en nombre voulu. On fait la même opération sur sa feuille et l'on a ainsi des carrés égaux et proportionnels.

Mais ce premier cas est loin d'être le plus fré-

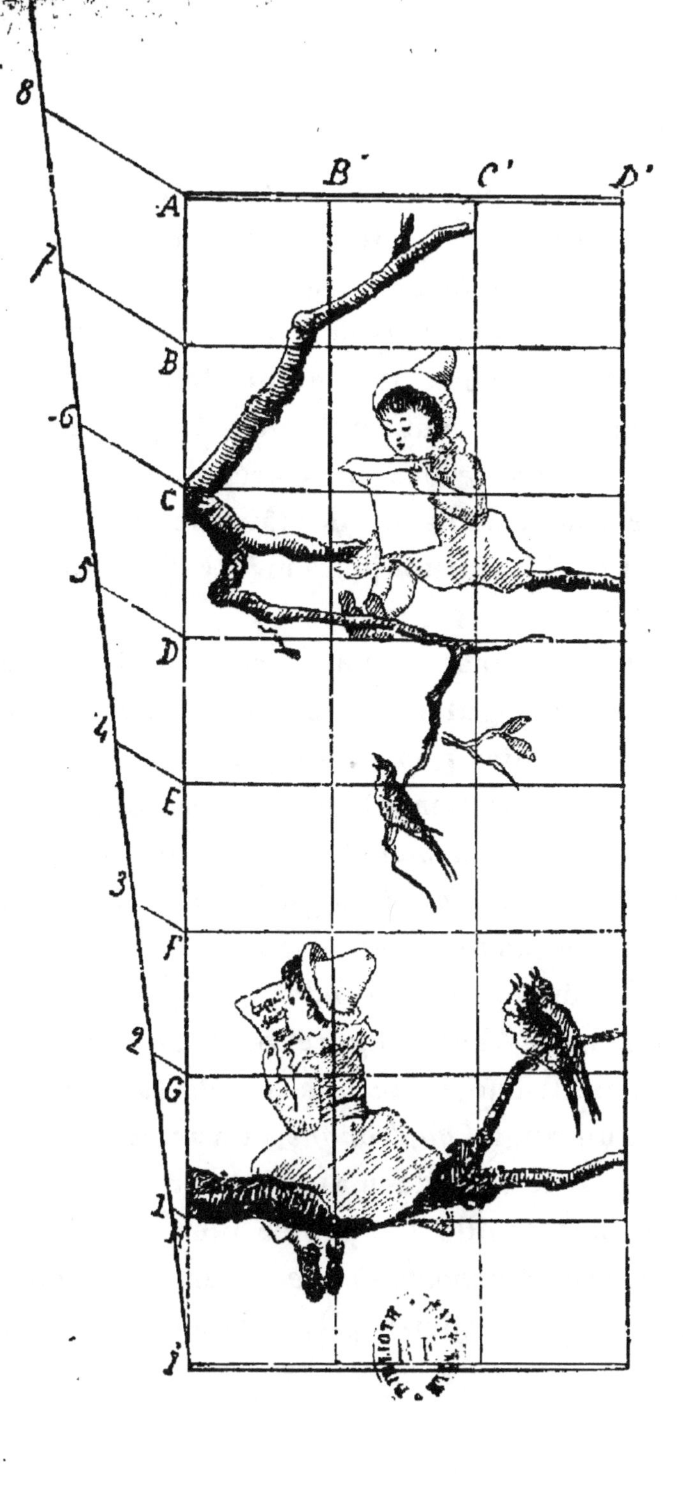
8
B'
C'
D'
A
7
B
6
C
5
D
4
E
3
F
2
G
1
H
I

quent. Que de fois on a à utiliser un modèle, surtout dans les applications décoratives, un paravent, une jardinière, un meuble ou objet quelconque qui n'est ni dans la forme, ni dans la proportion fixe, exacte, du double, triple, etc., du document qu'on veut appliquer. Or, on n'arriverait à construire des carrés réguliers que par une série de calculs et de tâtonnements assez longs et en laissant toujours un excédent sur l'un des côtés.

Il faut, en ce cas, recourir à la méthode des carreaux rectangulaires, qui ne seront pas des carrés, mais des rectangles proportionnels, et qui rendront exactement le même service.

Pour diviser un modèle en un nombre quelconque de rectangles, il suffit de savoir diviser une ligne en parties égales.

Voici comment on procède :

Soit la ligne AI de la figure (p. 88) ; on trace, en partant de I, une ligne *quelconque* IJ, formant avec IA un angle *quelconque* et s'arrêtant *n'importe où* (si le modèle n'a pas de marge, on le fixe sur une feuille de papier plus grand) ; du point I, avec *n'importe quelle* ouverture de compas, on trace une division II, et l'on reporte cette division en 2, 3, 4, 5, 6, 7, 8, si l'on veut diviser sa ligne en huit parties égales. On joint le point 8 au point A de la ligne à diviser, puis, à l'aide de la règle et de l'équerre, ou même par les points 7, 6, 5, 4, 3, 2, des parallèles à 8A et l'on a ainsi les points B, C, D, E, F, G, H, I, divisions régulières de la ligne AI.

Il est aisé de comprendre que la même opération faite sur l'autre côté d'un modèle donnera une série de divisions également régulières et que les points par ainsi obtenus, il suffira dans l'un des sens de mener des horizontales à l'équerre, dans l'autre des verticales, pour avoir des carreaux ou rectangles proportionnels. Le nombre des carreaux à obtenir étant subordonné à la difficulté des détails d'un sujet, plus votre sujet est compliqué, plus la multiplicité des carreaux vous donnera de facilité pour l'agrandir.

FIN

TABLE DES MATIÈRES

III

IV

V

BIBLIOTHÈQUE

D'ENSEIGNEMENT PRATIQUE DES BEAUX-ARTS

Par KARL ROBERT (M. Georges MEUSNIER)

EXPERT AUPRÈS DES TRIBUNAUX DU DÉPARTEMENT DE LA SEINE

OFFICIER DE L'INSTRUCTION PUBLIQUE

OUVRAGES ILLUSTRÉS (GRAND IN-8) A 6 FR. LE VOLUME

---

1. *L'Aquarelle* (figure, portrait, genre).
2. *L'Aquarelle* (paysage).
3. *La Peinture à l'huile* (figure, portrait, genre).
4. *La Peinture à l'huile* (paysage).
5. *Le Fusain sans maître* (19e édition).
6. *Le Pastel* (figure, portrait, genre, paysage, nature morte).
7. *Le Modelage et la Sculpture.*
8. *La Photographie*, aide du paysagiste ou photographie des peintres.
9. *L'Enluminure des Livres d'Heures.*
10. *La Gravure à l'eau-forte.*
11. *La Céramique* (porcelaine, faïence, barbotine, etc.)
12. *Le Dessin pratique et ses applications aux travaux d'art et d'agrément.*

MACON, PROTAT FRÈRES, IMPRIMEURS.

www.ingramcontent.com/pod-product-compliance
Lightning Source LLC
LaVergne TN
LVHW020033170826
845678LV00001B/233

* 9 7 8 2 3 2 9 7 3 1 2 6 1 *